LUTHER-
VERLAG

AF222417

Timothy Goering, Tobias Siebel, Peter Wick

CORPUS IDENTITY:

Biblische Impulse für alle, die Leitung und Verantwortung übernehmen

Mit vier Beiträgen aus der Management-Praxis

Luther-Verlag Bielefeld

Bibliographische Information der Deutschen Nationalbibliothek

Die Deutsche Nationalbibliothek verzeichnet diese Publi-
kation in der Deutschen Nationalbibliographie; detaillier-
te bibliographische Daten sind im Internet über
http://dnb.d-nb.de abrufbar.

ISBN: 978-3-7858-0917-4

Satz: Luther-Verlag GmbH, Bielefeld
Umschlag: Juliane Gördes, Hamburg
Druck: Rudolph Druck GmbH & Co. KG, Schweinfurt
Printed in Germany

INHALTSVERZEICHNIS

EINLEITUNG

Ein Theologieprofessor, ein Marketingexperte und ein IT-Projektmanager treffen sich und sprechen über Gott und Geld. Was wie ein Scherz klingt, ist der intellektuelle Ausgangspunkt dieses Buches.

Wir drei lernten uns an der Universität kennen. An der Ruhr-Universität Bochum trafen wir uns zunächst in Theologie-Kursen von Peter Wick, später dann bei Universitätsgottesdiensten und auch bei privaten Feiern und Abenden zu dritt. Peter Wick war 2003 mit seiner Familie aus der Schweiz nach Deutschland gezogen, um die Professur für Neues Testament an der Ruhr-Universität Bochum zu übernehmen. Er hatte zuvor in der Schweiz promoviert und sich nach einem Forschungsaufenthalt unter anderem in Israel habilitiert. Tobias Siebel studierte an der Ruhr-Universität Evangelische Theologie und lernte dort Peter und Timothy kennen. Nach dem Studium machte er als Marketingexperte Karriere und arbeitet heute als selbstständiger Consultant für Marketing und Business Development.

Timothy Goering ist in Amerika geboren und zog als Kind mit seiner Familie nach Deutschland. In Bochum studierte er Geschichte und promovierte über einen Theologen, wobei Peter als Zweitgutachter fungierte. Nach einem Forschungsaufenthalt an der Harvard Universität wechselte er in die Softwarebranche und ist heute Head of Project Management bei einem multinationalen Konzern.

Wenn wir uns zu dritt treffen, reden wir häufig über Gott und Geld, Mönche und Manager, Taler und Talar. Was uns in diesen Gesprächen am meisten fasziniert, ist die innerliche Verflechtung zwischen theologisch-biblischen Themen und Diskussionen um Unternehmensführung. Entfernte Verwandtschaften zwischen Peter Druckers Schriften zu Management und Paulinischer Führungsethik zum Beispiel, oder zwischen Peter Senges »learning organization« und neutestamentlicher Ekklesiologie waren für uns anregend. Und wir entdeckten immer neue Berührungspunkte zwischen den Disziplinen der Unternehmensführung und Theologie. Wir stießen in unseren Gesprächen kontinuierlich auf die Erkenntnis, dass biblische Impulse für eine wirtschaftliche und unternehmensorientierte Führungsethik relevant sind.

In diesem Buch haben wir uns zunächst auf drei Themenbereiche konzentriert: die Herausforderungen von

Einheit und Diversität von Gruppen, die gemeinsam Ziele erreichen möchten; die Herausforderung von guter Führung; die Herausforderung von der Kunst des Delegierens. Es ist unsere Hoffnung, dass die Gedanken und Impulse, die hier eingeflossen sind, einen neuen Blick auf Führung im Unternehmenskontext eröffnen. Denn das ist unsere Überzeugung: Die ethischen und moralischen Prinzipien, die in den unterschiedlichen Schriften der biblischen Autoren enthalten sind, bieten heute für Führungskräfte wichtige Impulse.

Bei jeder Verästelung unserer Gespräche und Gedanken bemerkten wir, dass Theologie und Wirtschaft nicht zwei getrennte Kontinente darstellen. Sie sind vielmehr wie zwei angrenzende Hotelzimmer, die durch eine Tür verbunden sind. Diese Tür aufzumachen, ist das Ziel dieses Buches.

EIN LEIB,
VIELE GLIEDER

Einheit und Diversität
im ersten Brief
des Paulus
an die Korinther

Einheit oder Vielheit: ein unlösbarer Widerspruch?

Einheit oder Vielheit? Corporate Identity oder Diversität? Jede Gemeinschaft von Menschen hat permanent dasselbe grundlegende Problem. Dieses Problem erwächst aus der Spannung zwischen zwei Polen, die jeder Gemeinschaft innewohnt. Auf der einen Seite besteht ein Streben nach einer gemeinschaftlichen Einheit angesichts der Diversität ihrer Mitglieder. Wenn Menschen zusammenkommen, dann begrüßen sie sich. Sie nehmen Kontakt zueinander auf. Sie suchen das Gemeinsame. Fremde, die beispielsweise im Fahrstuhl zusammen fahren, bilden im engen Sinne noch keine Gemeinschaft. Wenn dieser Fahrstuhl aber stecken bleibt und man stundenlang gemeinsam gefangen ist, beginnen Fremde miteinander zu reden. Man strebt nach einer Verbindung. Erst dann entsteht eine Einheit trotz der Willkürlichkeit der Situation und der Diversität der Personen.

Eine tiefgreifende soziale Verbindung zwischen Menschen entsteht schließlich erst dann, wenn sie von anderen zwischenmenschlichen Beziehungen unterschieden werden kann. Innerhalb einer konkreten Gemeinschaft muss irgendetwas die Menschen so miteinander verbinden, dass sie von anderen Verbindungen von Menschen unterschieden werden können. Dies kann beispielsweise ein Unternehmen sein, in dem Menschen zusammenarbeiten und Arbeitgeber und Arbeitnehmer durch gemeinsame Ziele miteinander verbunden sind. Eine Gruppe kann sogar – wenn sie eine sehr enge Gemeinschaft bildet – so starke eigene identitätsstiftende Merkmale besitzen, dass Individuen bereit sind, erhebliche persönliche Opfer zu bringen, um diese Gemeinschaft zu schützen.

Auf der anderen Seite besitzt jede Gemeinschaft auch Vielfalt. Jedes Individuum in einer Gemeinschaft ist einzigartig, hat unterschiedliche Bedürfnisse, unterschiedliche Fähigkeiten und benötigt unterschiedliche Voraussetzungen, um sich selbst voll entfalten zu können. Eine Gemeinschaft, die ihre Mitglieder in eine vereinheitlichte Daseinsform zwängt, erstickt ihre Eigenständigkeit. Eine lebendige Gemeinschaft besteht nicht aus Menschmaschinen, die alle gleich programmiert wurden, sondern aus Einzelindividuen mit ihren jeweils unverwechselbaren Persönlichkeiten. Sehr treffend hat der Philosoph Helmuth Plessner deshalb in den 1920er Jahren geschrieben: »Jedes Zusammenleben trägt den Keim des Aneinandervorbeilebens in sich, weil die Seelen mehr sind, als was sie wirklich sind. Auf die Gnade völligen Einklangs der Wesen läßt sich Gemeinschaft nicht bauen.«[1]

Alle sozialen Gruppen stehen also in diesem Spannungsverhältnis zwischen Homogenität und Heterogenität, zwischen Einheit und Vielfalt. Zu viel »Einklang der Wesen« in der Gruppe, eine zu starke Betonung der Corporate Identity und eine zu starke Forderung nach bedingungsloser Loyalität zur Gruppenidentität zerstören die Vielfalt und damit die Stärken der einzelnen Mitglieder einer Gemeinschaft. Wird aber nur die Vielfalt und Individualität jedes einzelnen Mitglieds betont, verliert eine Gemeinschaft ihre Sichtbarkeit und ihre Fähigkeit, gemeinsam etwas zu erreichen.

Diese Dialektik zwischen der Einheit einer Gemeinschaft und der Unterschiedlichkeit und Individualität ihrer Mitglieder ist eine grundlegende Spannung, die nicht aufgelöst werden darf. Denn dies würde zu einer Gleichschaltung oder zur Zerstörung der Gemeinschaft führen. Diese Spannung muss immer wieder ausbalanciert werden. Eine gute Führungskraft ist in der Lage, diese Spannung zu ertragen. Sie sieht sie nicht als Problem, sondern als große

1 Plessner, Helmuth: Grenzen der Gemeinschaft. Eine Kritik des sozialen Radikalismus (1924), in: *Macht und menschliche Natur* (= Gesammelte Schriften in zehn Bänden, Bd. 5), Frankfurt a.M. 2003, S. 59 f.

Energiequelle für das Unternehmen, die es zu nutzen und zu lenken gilt. Dabei aktzeptiert sie, dass sich diese Spannung immer wieder als Widerspruch anfühlen kann und dass sie nie eine dauerhafte Lösung hat, sondern sogar aktiv dafür sorgt, die Dynamik am Leben zu halten.

Auch Paulus kannte diese Dynamik. Er gründete die Gemeinde in Korinth und blieb dort für achtzehn Monate. Viele Menschen begannen, an Jesus als den verheißenen jüdischen Messias zu glauben, und Paulus organisierte sie in einer Ekklesia (Kirche; Gemeinde). Sie entdeckten, dass sie durch den Heiligen Geist Gaben empfangen hatten, aber es gab auch Gruppenbildungen, bei denen einzelne Gemeindemitglieder sich von der Ekklesia abspalteten. Mit seinem ersten Brief an die Korinther wollte Paulus sowohl die Einheit der Gemeinde als auch die Individualität und die verschiedenen Gaben ihrer Mitglieder fördern. Er betonte, dass die Individualität der einzelnen Mitglieder der ganzen Gemeinschaft dient und dass die Gemeinschaft wiederum die Vielfalt ihrer Gaben fördert.

In seinem ersten Brief an seine Gemeinde in Korinth verwendet Paulus ein Bild, das in der politischen Ideengeschichte oft zitiert wird: das Bild eines Körpers. Eine Gemeinschaft ähnelt einem Körper, da sie aus höchst unterschiedlichen Gliedern besteht und erst dann ihre volle

Kraft und Funktionalität entfaltet, wenn diese Glieder zusammenwirken. Dieses Bild wird oft verwendet, um die Bedeutung der Vielfalt und Zusammenarbeit in einer Gemeinschaft zu betonen.

Im zwölften Kapitel seines ersten Briefs an die Gemeinde in Korinth widmet sich Paulus den geistlichen Gaben, weil er sich der Wichtigkeit bewusst ist, über diese Gaben und Talente nachzudenken. Er will seine Glaubensgeschwister darüber aufklären und ihnen Wissen vermitteln, da Ignoranz mindestens ebenso viel Macht haben kann wie Wissen. In Vers 2 betont Paulus, dass es gerade die stummen Götzenbilder waren, die trotz ihrer Passivität sehr viel Macht über die Brüder und Schwestern ausgeübt haben.

1 KORINTHER 12,1–31

1   *Nun zu der Frage, was der Geist Gottes bewirkt.*
      Brüder und Schwestern,
      ich will euch auch darüber nicht in Unkenntnis lassen!
2 · *Erinnert euch nur daran,*
      wie es war,
      als ihr noch Heiden gewesen seid.
      Damals zog es euch mit unwiderstehlicher Gewalt
      zu stummen Götzenbildern hin.

3 Darum erkläre ich euch:
Niemand, der vom Geist Gottes erfüllt ist,
kann sagen:
»Jesus ist verflucht!«
Und umgekehrt kann niemand sagen:
»Jesus ist der Herr!«,
wenn nicht der Heilige Geist in ihm wirkt.

Paulus hält den Gläubigen in Korinth einen Spiegel vor und thematisiert ihre frühere innere Ausrichtung und wie sie heute sein sollte. Für Paulus ist es entscheidend, worauf die Menschen fokussiert sind oder wessen Geistes Kind sie sind. Er betont, dass die Ausrichtung auf Jesus Christus grundlegend für das Zusammenleben in der Gemeinde ist. Doch solche Herzensausrichtungen sind nicht immer leicht zu beeinflussen und zu lenken. »Stumme Götzenbilder« hatten für einige Korinther damals eine scheinbar so starke Anziehungskraft wie heute Instagram-Posts oder neue Stellenangebote von LinkedIn.

Ein hoher Grad an Selbstreflexion ist wichtig für die Zusammenarbeit mit anderen, aber er bleibt letztlich unzureichend, wenn er sich nur auf das Selbst bezieht. Ohne die Spiegelung durch einen Anderen bleiben blinde Flecken oder stille Manipulatoren unentdeckt. Jeder von uns braucht andere Menschen, um nicht ständig von unwiderstehlichen Kräften aus der Bahn geworfen zu werden. Martin Buber hat diesen Gedanken einmal treffend auf die folgende Formel gebracht: »Der Mensch wird am Du zum Ich.«[2] Führungskräfte brauchen weise Begleiter und Sparringspartner, die ihnen ehrliches Feedback geben oder sich sogar in ihren Weg stellen, um sie vor unwissentlicher Beeinflussung durch ablenkende Einflüsse und Kräfte zu schützen.

Paulus schreibt weiter:

4   *Es gibt zwar verschiedene Gaben,*
    aber es ist immer derselbe Geist.

5   *Es gibt verschiedene Aufgaben,*
    aber es ist immer derselbe Herr.

6   *Es gibt verschiedene Wunderkräfte,*
    aber es ist immer derselbe Gott.
    Er bewirkt das alles in allen.

7   *Das Wirken des Geistes zeigt sich bei jedem*
    auf eine andere Weise.
    Es geht aber immer um den Nutzen
    für alle.

2 Buber, Martin: »Ich und Du (1923)«, in: ders., *Das dialogische Prinzip*, Gerlingen 1997, S. 32.

Hier führt Paulus in die Lehre der Geist gewirkten Gaben ein und stellt sofort das für seine community geltende Axiom von Einheit und Diversität voran: *Derselbe* Geist gibt *verschiedene* Gaben, *derselbe* Herr gibt *verschiedene* Ämter und *derselbe* Gott wirkt *unterschiedlich* alles in allen.

Paulus betont, dass die Anerkennung und Wertschätzung der Differenzen in der Gemeinde keine Verneinung desselben Geistes oder der Einheit sind, sondern ihre Bestätigung. In Vers 6 steigert er die Spannung zwischen Einheit und Diversität, indem er darauf hinweist, dass das Wirken des einen Geistes das Wirken der Einzelnen in ihrer Diversität ist. Es ist »derselbe Gott, der alles in allen wirkt«. Mit dieser absoluten Zuschreibung des Wirkens Gottes in den Gaben kommt Paulus bereits hier allen falschen Ehrgefühlen und Egozentrismen zuvor. Er betont, dass jedes Glied im Körper seine eigene Funktion und Bedeutung innehat und dass die Gemeinschaft erst dann ihre volle Kraft und Funktionalität entfalten kann, wenn die einzelnen Glieder zusammenarbeiten.

Trotzdem folgt in Vers 7 dann die individuelle Zuweisung und Aufwertung. »Das Wirken des Geistes zeigt sich bei jedem.« Die absolute Verzahnung des Wirkens Gottes schließt die individuelle Nutzung der Gaben durch den Einzelnen nicht aus, sondern ermöglicht diese sogar. Gott gibt sein Wirken als Gaben weiter, damit jeder Einzelne sie einsetzen kann.

Für alle, die im Unternehmenskontext Teams und Gruppen führen, wird hier deutlich: Eine gemeinsame Vision und ein alle verbindender Unternehmensgeist widersprechen nicht der Verschiedenheit der Teammitglieder, sondern fördern diese sogar. Es ist gerade die Vielfalt, die zum Nutzen aller eingesetzt werden sollte. Wenn ein Mitarbeiter seine Aufgaben auf eine Art erledigt, die dem Chef völlig fremd ist, sollte dieser für sich prüfen, ob dennoch der gleiche Geist in dieser Andersartigkeit wirkt. Während der eine mit Pünktlichkeit und detaillierten Projektplänen bei Kunden punktet, gewinnt der andere durch empathische Kommunikation und hohes Engagement das Vertrauen des Kunden. Wenn das gleiche Unternehmensziel von beiden angestrebt wird, sollten Führungskräfte unterschiedliche Stärken und Gaben fördern.

8   *Der eine ist durch den Geist in der Lage,*
    voller Weisheit zu reden.
    Ein anderer kann Einsicht vermitteln –
    durch denselben Geist!

9   *Ein dritter wird durch denselben Geist*
    im Glauben gestärkt.

Wieder ein anderer hat durch den einen Geist

die Gabe zu heilen.

10 *Ein anderer hat die Fähigkeit,*

Wunder zu tun.

Ein anderer kann als Prophet reden.

Und wieder ein anderer kann die Geister unterscheiden.

Der Nächste spricht

in verschiedenen Arten von fremden Sprachen,

ein weiterer kann diese Sprachen übersetzen.

11 *Aber das alles bewirkt ein und derselbe Geist.*

Er teilt jedem eine Fähigkeit zu,

ganz so wie er es will.

Paulus führt nun eine ausführliche Aufzählung von Fähigkeiten an, die zunächst nichts miteinander zu tun haben. Er benennt unterschiedliche Ausprägungen der Gaben wie Weisheit, Erkenntnis, Glaube, Heilungen, Wunderwirkungen, Weissagung, Unterscheidung der Geister, Sprachen und Auslegungen der Sprachen. Wie wichtig Paulus die absolute Rückkopplung an das Wirken des einen Geistes ist, wird in Vers 11 erneut deutlich. Hier rahmt Paulus diese Aufzählung wieder mit der Formulierung »ein und derselbe Geist« ein, der diese Vielfalt der Fähigkeiten wirkt und miteinander verbindet.

Dass dies für Paulus von solcher Relevanz ist, markiert auch für das Management eine wichtige und zentrale Erkenntnis: Wenn nicht alle Abteilungen, Teams und Mitarbeiter sich als Teil des gleichen Unternehmensziels sehen und dementsprechend verhalten, geht das gesamte Potenzial des Unternehmens verloren und möglicherweise sogar die gesamte Existenzberechtigung des Unternehmens selbst. Die Zentrifugalkräfte von sich verselbstständigenden Abteilungen und Personen haben die Kraft, ein ganzes Unternehmen lahmzulegen oder zu zerstören, wenn sie nicht von der gleichen Vision geleitet werden.

Es gilt daher, einen starken Nukleus zu finden und zu pflegen, der die Kräfte in einer Gemeinschaft zusammenhält, einfängt und gleichzeitig dort gewähren und wirken lässt, wo individuelle Gaben und Fähigkeiten am besten genutzt werden können. Als christlicher Apostel betont Paulus, dass dieser Kern, dieses Fundament nur derselbe Geist, derselbe Gott sein kann. Manager müssen im Kontext ihrer Unternehmung ein Äquivalent finden, das alles zusammenhält und die Gemeinschaft stärkt.

Viele Unternehmen scheinen aktuell einen Weg zu finden, um diesen Nukleus zu bilden und zu stärken, indem sie nach dem gemeinsamen ›Warum‹ ihres Unternehmens suchen und diese Vision herausarbeiten. Diese gemeinsame Vision dient dann als Grundlage für die Aktivitäten des Unternehmens und hilft, die Zentrifugalkräfte von sich verselbstständigenden Abteilungen und Personen im Zaum zu halten. Die Golden-Circle-Methode des Autors Simon Sinek konzentriert sich dabei auf drei wichtige Fragen: Was? Wie? Warum? Diese Fragen bilden drei konzentrische Kreise: Das Warum ist der Kern, das Wie bildet den mittleren Ring und das Was ist der äußerste Ring.

»*Was*: Jede Firma und Organisation weiß, *was* sie tut. [...] Alle können erklären, welche Produkte und welchen Service sie verkaufen [...]. Das Was ist leicht zu identifizieren.

Wie: Einige Firmen und einige Individuen wissen, *wie* sie tun, was sie tun. Ob wir es nun ›differenzierendes Leistungsangebot‹, ›geschütztes Verfahren‹ oder ›Alleinstellungsmerkmal‹ nennen, das Wie wird eingesetzt, um zu erklären, wie verschieden und um wie viel besser etwas ist. [...]

Warum: Nur wenige Menschen und Firmen können klar formulieren, *warum* sie tun, was sie tun. [...] Warum heißt: Was ist das Ziel, der Beweggrund, die innere Ausrichtung, der Glaube? Warum existiert deine Firma? Warum stehst du jeden Morgen auf? [...]

Die meisten Organisationen und Individuen arbeiten von außen nach innen, wenn sie denken, handeln oder kommunizieren. [...] Bei inspirierten Unternehmen ist das nicht so. Auch nicht bei inspirierten Führern. Sie alle, unabhängig von Branche und Größe, arbeiten von innen nach außen.«[3]

Die Kernidee der Golden-Circle-Bewegung von Simon Sinek ist eine wahrhaft paulinische Idee: Wenn Menschen nicht nur wissen, *was* sie in einem Unternehmen tun sollen oder *wie* sie es tun sollen, sondern *warum und wofür* sie es tun sollen, erst dann werden alle Gaben einer Gemeinschaft vom gleichen Geist getragen.

12 *Es ist wie beim menschlichen Körper:*

Er bildet eine Einheit

und besteht doch aus vielen Körperteilen.

Aber obwohl es viele Teile sind,

ist es doch ein einziger Leib.

So ist es auch mit Christus.

3 Sinek, Simon: *Frag immer erst: Warum: Wie Top-Firmen und Führungskräfte zum Erfolg inspirieren*, Frankfurt a.M. 2014, S. 40f.

13 *Denn als wir getauft wurden,*

sind wir durch den einen Geist

alle Teil eines einzigen Leibes geworden –

egal ob wir Juden oder Griechen,

Sklaven oder freie Menschen waren.

Und wir sind alle

von dem einen Heiligen Geist durchtränkt worden.

14 *Der menschliche Körper besteht ja auch nicht nur*

aus einem einzigen Teil,

sondern aus vielen.

Ab Vers 12 wird Paulus mit der Einführung des Leibbegriffs plastischer. Christus stellt er hier als einen Leib dar, der aus verschiedenen Gliedern besteht, die vom gleichen Geist zusammengehalten werden. Um die Tiefe dieser Einheit zu betonen, nennt Paulus zwei extreme Gegensätze: Juden und Griechen, Sklaven und Freie. Die Kraft des Geistes ist überwältigend und macht vor diesen scheinbar unvereinbaren Paarungen nicht halt.

Obwohl es auf den ersten Blick paradox erscheinen mag, ist es doch so: Einheit und Verschiedenheit sind für den Zusammenhalt eines Körpers unerlässlich. Wie sich ein Körper dank der Wechselwirkungen von Muskelgruppen fortbewegen kann, so bilden auch Einheit und

Verschiedenheit im Rahmen von Paulus' Argumentation eine dynamische Spannung, die zusammenhält und stark macht. Paulus erkennt die Komplexität und die Sehnsüchte des Menschen nach Harmonie und Individualität und weiß, dass diese Pole leicht zu entwirren sind und die Spannung verloren gehen kann. Spannungen sind nicht nur in der Physik eine Form von Energie, sondern auch die Grundvoraussetzung für Leben und Bewegung.

Im Unternehmenskontext ist die Beachtung von Einheit und Vielfalt von großer Bedeutung, denn oft zerfallen großspurige Ankündigungen von Einheit schnell in der Realität, noch bevor sie aufwändig entwickelt werden konnten. Nachhaltige Veränderungen sind nur möglich, wenn sinnvoll zwischen Einheit und Verschiedenheit unterschieden wird. Ein gutes Management sollte sich der Spannung zwischen diesen beiden Polen bewusst sein und sich bemühen, sie aufrechtzuerhalten: ohne Spannung kein stabiler Fortschritt, ohne Differenzierung von Einheit und Vielfalt keine echte Unternehmensgemeinschaft.

Das Bild des Leibes, welches Paulus hier einführt, bietet für Unternehmen eine spannende und fruchtbringende Allegorie. Eine Corporate Identity speist sich schon dem Namen nach aus einem Corpus. Wir sprechen deshalb von einer Corpus Identity. Dieses lateinische Wort bedeutet Leib beziehungsweise Körper. Das Unternehmen wird zu einer lebendigen Einheit, die als Leib bezeichnet werden kann, wenn die Vielfalt gesehen und gefördert wird: Vielfalt in ihrer ganzen Mannigfaltigkeit von Gaben, Talenten, Ressourcen, Wissen, Erfahrungen, Kulturen. In einer bewusst gelebten und geförderten Diversität ist ein gemeinsames Verständnis tragfähig. Und nur in einem als Einheit funktionierenden Unternehmensleib wird echte Vielfalt erlebbar.

15 *Wenn der Fuß spräche: Weil ich nicht Hand bin, gehöre ich nicht zum Leib; gehört er deswegen nicht zum Leib?*

16 *Und wenn das Ohr spräche: Weil ich nicht Auge bin, gehöre ich nicht zum Leib; gehört es deswegen nicht zum Leib?*

17 *Wenn der ganze Leib Auge wäre, wo wäre das Gehör? Wenn ganz Gehör, wo der Geruch?*

18 *Nun aber hat Gott die Glieder bestimmt, jedes einzelne von ihnen am Leib, wie er wollte.*

19 *Wenn aber alles ein Glied wäre, wo wäre der Leib?*

20 *Nun aber sind zwar viele Glieder, aber ein Leib.*

Paulus zerlegt nun das Bild des Leibes in seine Einzelteile und lässt die verschiedenen Glieder zu Wort kommen, um zu betonen, dass erst in der Polyphonie der Stimmen die

Funktion des Leibes vollständig hergestellt wird. Zudem zeigt er, dass die Zugehörigkeit zum Leib nicht von der Funktion eines Gliedes abhängt, sondern eine grundlegende Identität jedes Gliedes ist, solange es Teil eines Leibes ist.

Die Stimmen der Glieder verraten eine zweifache Anfechtung, derer sie sich offensichtlich ausgesetzt sehen: Zunächst fühlen sie sich unzureichend in ihrer Rolle und zweitens zweifeln sie daran, überhaupt noch Teil des Leibes zu sein. So stellt der Fuß sich selbst in Frage, weil er sich mit der von der reinen Anatomie her gesehenen Position diametral zu ihm stehenden Hand vergleicht. Paulus benutzt weitere Gegensätze, wie Ohren und Augen, um die unterschiedlichen Sinne zu veranschaulichen – das Zweifeln der Glieder führt zu einer Zerlegung des Leibes in ihrer Wahrnehmung.

Doch Paulus lässt den ganzen Körper trotz aller Anfragen der einzelnen Glieder nicht zerfallen. Im Gegenteil: Mit rhetorischen Fragen entkräftet er jede Anfrage des Einzelnen und betont umso mehr den »einen« Leib. Selbst wenn der Fuß denkt, dass er nicht zum Leib gehört, weil er nicht die Fähigkeiten der Hand hat, bleibt er Teil des Leibes. Der Zweifel hebt die Einheit nicht auf. Paulus kann diese Anfragen in seiner Konstruktion ganz sicher verneinen, weil er sie wieder an das Axiom koppelt, dass Gott alles zusammenhält. Gott bestimmt die Glieder und ihre Funktion »jedes einzelnen von ihnen am Leib, wie er wollte«. Gott tritt hier nicht nur als der Einheitsstiftende auf, sondern auch als derjenige, der die unterschiedlichen Rollen der Glieder bewusst einsetzt und bestimmt. Denn nur in der Unterscheidung der Glieder wird die Metaebene des Leibes überhaupt möglich: »Wenn aber alles ein Glied wäre, wo wäre der Leib? Nun aber sind zwar viele Glieder, aber ein Leib.«

21 *Das Auge kann nicht zur Hand sagen: Ich brauche dich nicht; oder wieder das Haupt zu den Füßen: Ich brauche euch nicht.*

22 *Sondern gerade die Glieder des Leibes, die schwächer zu sein scheinen, sind notwendig;*

23 *und die uns die weniger ehrbaren am Leib zu sein scheinen, die umgeben wir mit größerer Ehre; und unsere nichtanständigen haben größere Anständigkeit;*

24 *unsere anständigen aber brauchen es nicht. Aber Gott hat den Leib zusammengefügt und dabei dem Mangelhafteren größere Ehre gegeben,*

25 *damit keine Spaltung im Leib sei, sondern die Glieder dieselbe Sorge füreinander hätten.*

26 Und wenn ein Glied leidet, so leiden alle Glieder mit; oder wenn ein Glied verherrlicht wird, so freuen sich alle Glieder mit.

27 Ihr aber seid Christi Leib und, einzeln genommen, Glieder.

Im Zweifeln der Glieder an ihrer Zugehörigkeit zum Leib schwingt die ganze Zeit noch eine weitere Dimension mit, die Paulus nun aus dem Subtext ganz in den Mittelpunkt seiner Erörterungen holt: der Wettkampf im Sinne eines Geltungs- und Verdrängungsdrangs des einen Glieds gegenüber dem anderen. Es ist die Hybris der Glieder, dass sie glauben, alleine bestehen zu können: »Ich brauche dich nicht.« Das vermeintlich überlegene Auge verliert ohne die Hand an Fähigkeit und Möglichkeiten zum Handeln; der Kopf kommt ohne Füße keinen Schritt vorwärts.

Paulus verneint nicht nur das Bestreben als solches, sondern er dreht die Verhältnisse sogar noch um, indem er die vermeintlich schwachen Glieder mit besonderer Wertschätzung behandelt. Die Wertschätzung betont hier ganz bewusst die Glieder, »die schwächer zu sein scheinen«. Er hebt ihre Notwendigkeit für die volle Funktion des Leibes besonders heraus. Nach Paulus ist es Gott selbst, der diese Umkehrung fördert, weil er »dem Mangelhafteren größere Ehre gegeben hat«. Dass Gott das

Schwache und Arme mit einer besonderen Aufmerksamkeit bedient, ist in der Bibel ein verbreitetes Phänomen. Hier wird diese Aufmerksamkeit mit der Aufrechterhaltung der Leibesfunktion verknüpft.

Um Spaltung im Leib Christi zu vermeiden, ist Wertschätzung erforderlich. Diese Wertschätzung geht nicht von oben nach unten, sondern vom Kleinsten und Geringsten aus. Wertschätzung beginnt also bei den Gliedern unten in der Hierarchie. Auch untereinander sollen die Glieder einander wertschätzen und keinen inneren Wettkampf führen. Falls es doch zu einem Wettkampf kommt, gilt: Jedes Glied ist ein Sieger und alle freuen sich und leiden gemeinsam. Sie sind alle für sich betrachtet Glieder, aber gemeinsam sind sie der eine Leib Christi.

Eine Führungskultur, die das berücksichtigt, arbeitet daran, dass ein Unternehmen sich als einen Körper mit verschiedenen Gliedern wahrnimmt – vom Sekretär über die Buchhalterin, die Teamleiterin bis hin zur Gesellschafterin.

Eine solche Führungskultur muss kreativ sein und immer wieder dafür sorgen, dass denen am »unteren« Ende der Hierarchie besondere Aufmerksamkeit, Wertschätzung und Ehre zuteil werden. Dadurch wird das ganze Unternehmen erkennen, dass auch die Leitung und vor allem diese das Unternehmen als Körper wahrnimmt und pflegt.

Wie Wertschätzung Wunder wirkt –
Inspiration von Tim Niedernolte

TV-Moderator, Buchautor und Speaker, Berlin

»Im Grunde hatte er nur zwei Optionen: entweder 48 Stunden durchklotzen und dann immer noch hoffen müssen, dass es irgendwie funktioniert. Oder – gnadenlos scheitern. Was anderes gab es nicht für Christian Rach, damals als junger Spitzenkoch in Thailand, als er für Teile der Königsfamilie, die ranghöchsten Militärs und jede Menge Wirtschaftsbosse einen exklusiven Edel-Event bekochen sollte.

Doch was macht Christian? Er entscheidet sich für Option drei und nimmt sich den kompletten ersten Tag Zeit, um die Küchenhelfer kennenzulernen, in der Personalkantine mit ihnen zusammen ihre mitgebrachten Sachen zu essen und sich für sein Team zu interessieren. Und das, obwohl der Druck riesig war und die bewaffneten Geheimpolizisten mit den Colts im Anschlag immer nervöser wurden. Denn vorbereitet für das Event war noch nichts.

Das passierte am nächsten Tag. Oder viel mehr morgens in der Frühe. Denn nach diesem Tag auf Augenhöhe mit dem fremden Team haben sich seine Mitarbeiter förmlich zerrissen für ihn. Als Christian Rach am nächsten Morgen in die Küche kam, war schon fast alles vorbereitet. »Ich habe ihnen dann meinen Plan erklärt, und dann sind die für mich durchs Feuer gegangen! Es war unglaublich!« Und es hat geklappt. Das Unmögliche wurde möglich, der Event hat funktioniert.

»Ich wäre so gnadenlos abgesoffen, hätte ich nicht diesen ersten Tag auf Augenhöhe mit ihnen verbracht!«, erzählt mir Christian später. Und ich habe diese Geschichte direkt abgespeichert, weil sie die Kraft der Wertschätzung so eindrucksvoll auf den Punkt bringt. Unter Druck und bei Herausforderungen nicht einfach blind Vollgas geben oder direkt resignieren, sondern die Menschen mitnehmen und wertschätzen – darum geht's. Und es funktioniert, auch in ganz vielen anderen Lebens- und Arbeitsbereichen. Bei Konflikten und Herausforderungen. Bei Umstrukturierungen und Change-Prozessen. Das habe ich selber schon oft erlebt und deshalb wünsche ich mir immer mehr davon. Denn Mitarbeiter, die sich wahrgenommen und wertgeschätzt fühlen, sind mit einer ganz anderen Motivation dabei, sind nachweislich kreativer und nutzen ihre Potenziale. Und dazu muss man sich noch nicht mal so gut mit gehobener Küche auskennen wie der Koch- und

Küchenexperte Christian Rach. Es genügt, wenn man sich als Führungskraft und Vorgesetzter nicht permanent zuerst an den Essenstöpfen austobt. Sondern lieber das Bestseller-Rezept des anglo-amerikanischen Unternehmensberaters und Autors Simon Sinek zu Herzen nehmen: »Leaders eat last.«

BEISPIEL 2

Impressionen aus der Führungspraxis

Thomas Rauser, Management Trumpf Laser

»Wir haben den Entwicklungsbereich reorganisiert und dabei u.a. von Fachteams auf interdisziplinäre Teams umgestellt. Auf einmal waren die Konstrukteure, Elektroniker und Softwareentwickler nicht mehr unter sich, sondern der Konstrukteur hat mit seinem Elektronikkollegen und Softwarespezialisten gemeinsam im Team die Lösung erarbeitet und umgesetzt. Da sind Welten aufeinandergeprallt. In einem zentralen Meeting mit der ganzen Mannschaft habe ich nicht wie sonst üblich einen schlauen Spruch eines Managementberaters oder von Einstein verwendet, sondern Paulus zitiert: Die Gemeindegründungen mit vielen unterschiedlichen Interessen, Gaben, Herkünften etc.

und das Zitat: Es sind viele Gaben, aber es ist ein Geist. Das hat im Nachhinein viele Reaktionen hervorgerufen, weit mehr als es ein Zitat von Malik getan hätte.

In Unternehmen gibt es jeden Führungstyp. Vom König über den Feldherren bis zum Feel-good-Manager. Die Jünger Jesu hatten auch mal eine Diskussion über ihre Rangordnung. »Wer ist der Größte unter uns?« Jesus: »Der Größte unter Euch soll Euer Diener sein.« Dieses Beispiel habe ich auch schon genutzt. Der moderne Begriff dafür ist »Servant Leadership«. Wenn es um schnelle Entscheidungen in kritischen Situationen geht, ist die Methode »command & control« immer noch das Beste. Siehe Militär und Feuerwehr! Mitarbeiter-Beteiligung und Selbstorganisation brauchen dagegen Coaching, Mentoring, Förderung. Die Führungskraft hat dabei die Aufgabe, tragfähige Entscheidungen *herbeizuführen*, nicht selbst zu treffen. Dazu braucht es andere. Wir haben hierarchische Positionen überwiegend durch starke und definierte Rollen ersetzt. Das passt zum Bild des Leibes. Jedes Glied hat eine Rolle und steht damit auf gleicher Ebene mit allen anderen, aber mit anderer Rolle/Befugnis/Fähigkeit.«

Leitung als Steuermannskunst

Paulus fährt mit seiner Argumentation fort:

28 *Und die einen hat Gott in der Gemeinde eingesetzt ers-*
   tens als Apostel, zweitens andere als Propheten, drittens
   als Lehrer, sodann Wunderkräfte, sodann Gnadengaben
   der Heilungen, Hilfeleistungen, Leitungen, Arten von Spra-
   chen.

29 *Sind etwa alle Apostel? Alle Propheten? Alle Lehrer? Ha-*
   ben alle Wunderkräfte?

30 *Haben alle Gnadengabe der Heilungen? Reden alle in*
   Sprachen? Legen alle aus?

31 *Eifert aber um die größeren Gnadengaben! Und einen*
   Weg noch weit darüber hinaus zeige ich euch:

Im letzten Abschnitt des Kapitels kommt Paulus auf die unterschiedlichen Rollen innerhalb der Gemeinde zu sprechen. Aus den zuvor genannten unterschiedlichen Gaben entspringen verschiedene leitende Funktionsträger, die aufgezählt werden: Apostel, Propheten und Lehrer.

Erstmals taucht hier auch als Funktion »Leitungen« auf, allerdings sehr spät im Text und damit sehr spät in den Auflistungen. Nicht ohne Grund: Paulus gebraucht hier und nur hier den Begriff der Kybernesis (Kybernetik) für die Fähigkeit zu leiten. Die Kybernesis ist die Steuermannskunst. Führungskräfte sind hier für Paulus nicht Personen, die vor allem vorangehen oder die Aufsicht haben (auch solche Bezeichnungen kennt er), sondern solche, die ein Boot steuern. Zur Zeit des Paulus wurden Boote immer von hinten mit einem im Verhältnis zum ganzen Schiff lächerlich kleinen Ruder gesteuert. Das ist auch heute noch die Regel in der Schifffahrt. Der Leiter ist nicht derjenige, der voranprescht, der sich an allen Segeln und Rudern einsetzt und verausgabt, sondern derjenige, der den Kahn von hinten lenkt.

Der Leiter hat das Boot und die gesamte Mannschaft im Blick, er kennt den Weg und das Ziel. Er greift ein, wenn notwendig, um das Boot auf Kurs zu halten, aber meistens handelt er *re*-aktiv, korrigierend und verbessernd. Der Steuermann braucht seine Mannschaft, um das Boot ans Ziel zu bringen. Er kann das nicht allein schaffen. Er braucht viele verschiedene Menschen mit unterschiedlichen Gaben, um voranzukommen. Ohne Wertschätzung und Einsetzung der Unterschiedlichkeit kann er seine Rolle als Steuermann nicht erfüllen.

Das Leitungsbild, das sich aus der Steuermannskunst ableitet, hat nichts mit dem verbreiteten Bild der Führungskraft als vorpreschendes Alphatier zu tun. Die

Leitung wird im Text bewusst eingebettet in die verschiedenen Gaben und Dienste und nicht als das eigentliche Highlight der Aufzählung am Schluss hervorgehoben. Auf diese Weise fordert Paulus die Leitung zur Demut auf.

In einer weiteren Auflistung von rhetorischen Fragen zeigt Paulus auf, dass die Begabungen der Einzelnen bewusst unterschiedlich sind. Nicht alle sind Apostel oder Lehrer. Mit Rückblick auf das Bild des Leibes macht er das aus gutem Grund: Wenn alle das gleiche Glied wären, gäbe es keinen Leib. Es braucht verschiedene Glieder und Ämter, damit der Leib funktioniert. In Unternehmen ist diese Aufteilung nach unterschiedlichen Fachabteilungen üblich.

Trotzdem wird hier noch einmal deutlich, dass Unterschiedlichkeit kein notwendiges Übel, sondern gut, richtig und für den Erfolg wichtig ist. Eine Unterscheidung ist keine Trennung. Eine gute Leitung weiß das und setzt die Menschen an die richtigen Stellen, wo sie ihre speziellen Fähigkeiten einbringen können. Sie sorgt für die gemeinsame Ausrichtung aller Beteiligten und bringt die notwendige Zusammengehörigkeit immer wieder ins Bewusstsein der einzelnen Glieder.

Was kann ich als Führungskraft von Paulus und seiner Gemeinde in Korinth lernen?

Paulus ist als Apostel des Glaubens bekannt. Glauben und Vertrauen sind für ihn dasselbe. In diesem Teil seines Briefes an die Gemeinde in Korinth zeigt er viel Vertrauen. Er betont es nicht extra, sondern es fließt aus jeder Zeile heraus. Er hat zuerst ein großes Vertrauen in Gott und seinen Geist. Er vertraut darauf, weil er weiß, dass Jesus Christus sich als Gottessohn für alle Menschen hingegeben hat. Er vertraut darauf, dass Gott die Verantwortung für die Gemeinschaft der Gläubigen, für die Gemeinde, die Kirche, die Ekklesia trägt. Er vertraut darauf, dass es der eine Gott ist, der die Menschen so unterschiedlich macht und er vertraut darauf, dass Gott sie in der Gemeinschaft zusammenhält und Einheit schenkt und ermöglicht.

Aufgrund seines Vertrauens hat er hier ein positives Menschenbild, obwohl er in demselben Brief zeigt, dass dies von Einzelnen immer wieder enttäuscht wird. Dies bringt ihn jedoch nicht dazu, sein Vertrauen in die Korinther aufzugeben. Er vertraut darauf, dass sie ihre Gaben des Heiligen Geistes entdecken und leben wollen. Er vertraut darauf, dass sie diese füreinander einbringen

wollen. Er vertraut darauf, dass sie innerlich zusammen-
gehören wollen in einer Gemeinschaft. Er vertraut darauf,
dass sie sich füreinander und für die Gemeinde einsetzen
wollen.

Vertrauen als Investment

Paulus' Vertrauen ist erstaunlich, denn er weiß, dass alle
Menschen Sünder sind und er es in Korinth nur mit Sün-
dern zu tun hat, die Gnade und einen Neuanfang durch
Jesus Christus empfangen haben und die in der Gefahr
stehen, in ihre alten Sünden zurückzufallen. Trotzdem
vertraut er. Sein Vertrauen ist wie ein Investment. Er in-
vestiert es immer wieder im Voraus und schenkt es seinen
Glaubensgeschwistern immer wieder als Neuanfang, auch
wenn er bei Vertrauensmissbrauch Konsequenzen im Ein-
zelfall zieht. Doch wegen des Missbrauchs von Vertrauen
durch Einzelne lässt er sich seine Vertrauensinvestitionen
in andere nicht zerstören.

Ein Manager kann von Paulus lernen, dass er seine Identität in einer Beziehung zu Gott auf Vertrauen
gründen soll und wenn er dies noch nicht kann, sollte er
solch eine Beziehung mit aller Kraft suchen. Ein Manager,

der sich in erster Linie über seine Tätigkeit definiert, ist zum Scheitern verurteilt. Er kann seine Arbeit nicht mit Gelassenheit tun, weil sein Leben nicht auf Vertrauen gegründet ist, das unabhängig von seiner Arbeit ist. Er wird wie ein Getriebener seinen Aufgaben nachgehen, ständig geplagt vom Gefühl, niemals genug zu tun und immer mehr tun zu müssen.

Paulus wird von den Herausforderungen der Gemeinde stark gefordert, doch er bleibt gelassen, weil er in Gott verwurzelt ist. Er betrachtet seine Beziehung zu Gott nicht als etwas, das er sich verdienen muss, sondern als ein unverdientes Geschenk. Paulus kannte sein »Why«. Der Theologe Ernst Troeltsch hat einmal über religiöse Gemeinschaften geschrieben: »Das Jenseits ist die Kraft des Diesseits.«[4] Genauso ist es bei Paulus: Durch sein festes Vertrauen darauf, dass Gott das jenseitige Große im Blick hat, konnte er gelassen auf das diesseitige Kleine blicken und seine Ziele mit frischer Kraft erreichen.

Aus solch einem Vertrauen heraus kann eine Führungskraft ihren Mitarbeitern vertrauen, obwohl sie weiß, dass Vertrauen ein Glauben bleibt: ein Glauben, der als solcher nicht ausschließen kann, dass das Vertrauen auch

4 Troeltsch, Ernst: Die Soziallehren der christlichen Kirchen und Gruppen, Gesammelte Schriften, Band 1, Tübingen 1923, S. 979.

mal missbraucht wird und der doch nicht das Mittel der totalen Kontrolle wählt, die alle Motivation bei den Mitarbeitern und das eigene Vertrauensinvestment zerstört.

In diesem Sinne arbeitet eine Führungskraft an einem positiven Menschenbild und weigert sich, negative Erfahrungen mit Einzelnen auf alle anderen zu übertragen. Sie arbeitet daran, dass ihr Selbstbild im wohlwollenden Vorschussvertrauen Gottes gegründet ist und dass ihr (Mit-) Menschenbild nicht durch ein negatives Menschenbild geprägt wird, sondern sich ebenfalls immer wieder durch sein Vorschussvertrauen auszeichnet: Menschen wollen ihre Begabungen leben. Sie wollen sich entfalten, indem sie das zur Entfaltung bringen, was in ihnen von Gott angelegt ist. Dies führt zu wirklicher Befriedigung, wenn es in einem Umfeld geschieht, in dem das Feedback lautet, dass es für alle gut ist, wenn der Einzelne seine Talente voll einbringen kann. Eine Führungskraft sollte konsequent das Unternehmensziel verfolgen, dass Mitarbeiter ihre unterschiedlichen Talente entfalten und für das Unternehmen einbringen können. So kann das Unternehmen sogar zu einem Ort werden, an dem Mitarbeiter ihre Gaben und Stärken entdecken und zu sich selbst finden.

Die Mitarbeiter sollten im Rahmen ihrer Talente und Aufgaben möglichst eigenverantwortlich Entscheidungen treffen, denn der »Chef« weiß, dass sie aufgrund ihrer Fähigkeiten in ihrem Bereich die Kompetenz des Unternehmens darstellen. Einem Fuß sollte man nicht ständig sagen, wie er zu gehen hat. Ein weiser »Chef« schätzt die Individualität seiner Mitarbeiter und versteht sich als Entdecker von Talenten. Er tut alles, um diese Talente bei seinen Mitarbeitern freizusetzen und sie auf die Unternehmensziele auszurichten.

Wenn Mitarbeiter von ihren Führungskräften die notwendige Anerkennung, das Lob und das Vertrauen erfahren, führt das dazu, dass sie sich sehr stark an »ihr« Unternehmen binden und sich mit hoher Motivation für das »Ganze« einsetzen.

Merksätze

Wir können den Ertrag auf folgende Merksätze zuspitzen:
- Führen bedeutet lenken, nicht antreiben – aber auch nicht bremsen.
- Der Leib hat spezielle Glieder für spezielle Aufgaben. Vertraue ihnen.
- Ein Steuermann lenkt das Schiff, nicht die Mannschaft.
- Wer nicht führt, leitet nicht.

- Leiten ist ein Talent und eine besondere Fähigkeit.
- Misch dich nicht an der Arbeitsfront ein, sondern steuere von hinten. Ein Chef muss keine Rampensau sein.
- Eine Führungskraft hat nicht alle Gaben und Talente. Er braucht die anderen als komplementäre Ergänzung.
- Vertraue den Mitarbeitern. Wer Auge ist, kann nicht auch gehen.
- Temporärer Kontrollverlust ist kein Manko, sondern Bedingung für den gemeinsamen Erfolg.
- Ohne Spannungen kein Fortschritt. Den Widerspruch zwischen Einheit und Vielheit gilt es nicht aufzulösen, sondern auszuhalten, zu bejahen und zu nutzen.
- Löse nicht auf, was nicht aufzulösen ist.
- Nutze die Allegorie des Unternehmensleibes weise und klug.
- Vertrauen ist ein Investment mit einer sehr hohen Rendite, sogar wenn es in Einzelfällen missbraucht wird.

EPHESER 4:

Führung als Dienst an und als Befähigung von anderen

Jedes Unternehmen ist Teil von etwas Größerem

Seit 1989 nehmen Basketballspieler der US-amerikanischen National Basketball Association (NBA) an den Olympischen Spielen teil. Die amerikanische Herren-Basketballmannschaft, die schon immer eine der erfolgreichsten in der olympischen Geschichte war, wurde dadurch noch legendärer. Seitdem gewann das Team regelmäßig Goldmedaillen alle vier Jahre. Auch 2004 sah das Team sehr vielversprechend aus. Es bestand aus Basketball-Größen wie LeBron James, Dwayne Wade und Allen Iverson. Im Eröffnungsspiel verlor die USA jedoch gegen Puerto Rico mit 73:92 – ein Schock für die Basketball-Welt. Danach schlug sie Australien und Griechenland nur knapp und unterlag Litauen. Sie qualifizierten sich knapp für das Halbfinale, wo sie jedoch Argentinien unterlagen. Im Spiel um Platz drei gewannen sie gegen Spanien. Vor 2004 hatte die US-amerikanische Mannschaft bei allen Olympischen Spielen insgesamt nur zwei Spiele verloren.

Für Amerika war es eine peinliche Niederlage, aber es war eine wichtige Lektion in Sachen Teambildung. Die Niederlage zeigte deutlich, dass ein erfolgreiches Team nicht nur aus talentierten Einzelpersonen besteht. Um erfolgreich zu sein, reicht es nicht, talentierte Menschen zusammenzubringen.

Die Briefe des Gemeindegründers und Kirchenführers Paulus bieten uns Einsicht in das, was für den Zusammenhalt einer Gemeinschaft von entscheidender Bedeutung ist. Dies wird nicht nur im ersten Brief an die Korinther deutlich, sondern auch im Brief an die Epheser, in dem die Kunst der guten Menschenführung eine wichtige Rolle spielt. Ob Paulus selbst oder ein Schüler in seinem Namen diesen Brief verfasst hat, ist historisch nicht sicher und für unsere Zwecke hier nur von marginaler Bedeutung. Der Inhalt des Briefes an die Epheser ist jedoch von universeller und grundlegender Bedeutung für die Kirche als Körperschaft und ihre Leitung. Er befasst sich mit der Einheit der Kirche in ihrer Vielfalt und der angemessenen Leitung für diese komplexe Organisation. Und dieses Thema spricht mitten in unserer Zeit.

Im Brief steht:

4,1 *Ich bitte euch als jemand,*
der in Haft ist,
weil er zum Herrn gehört:
Führt euer Leben so,

dass es dem entspricht,
wozu Gott euch berufen hat:

2 *voller Demut, Freundlichkeit und Geduld.*
   Ertragt euch gegenseitig in Liebe.

3 *Bemüht euch darum,*
   die Einheit zu bewahren,
   die sein Geist euch geschenkt hat.
   Der Friede ist das Band,
   das dabei alles zusammenhält.

Das vierte Kapitel des Epheserbriefs beginnt Paulus mit einem Imperativ, der axiomatisch für viele Überlegungen rund um eine Führungsethik stehen kann. »Führt euer Leben so, dass es dem entspricht, wozu Gott euch berufen hat.« Um andere erfolgreich führen zu können, muss man zunächst bereit sein, sich selbst zu führen. Eine starke Selbstführung bildet die Grundlage für eine gute Führung von anderen. Wenn wir unser eigenes Leben gut im Griff haben, sind wir auch in der Lage, andere zu führen. Wenn wir jedoch selbst mit ungelösten Problemen oder Unsicherheiten kämpfen, werden wir beim Führen von anderen Schwierigkeiten haben, die nicht direkt mit den anderen Personen zu tun haben. Wer andere führen will, muss einen Kompass in der Hand halten und seine eigene Richtung bestimmen. Wenn wir selbst nicht orientiert sind, werden wir Schwierigkeiten haben, andere sicher durchs Leben zu führen.

Dabei ist die Berufung Gottes »wozu Gott euch berufen hat« der Ausgangspunkt für die weiteren Überlegungen. Er betrachtet das Leben nicht als eine Ansammlung von Einzelteilen, für die unterschiedliche Maßstäbe gelten. Hier Familie, dort Arbeit. Hier Privatleben, dort der Umgang mit Mitarbeitern. Vielmehr sieht er den christlichen Lebenswandel als eine Einheit, die alle Aspekte des Lebens umfasst und die man nicht einfach an- und ausziehen kann, wie es einem gerade passt. Dieser Lebenswandel fordert etwas von uns und birgt immer wieder Glaubensrisiken. Paulus selbst kannte diese Herausforderungen gut, denn er schrieb diese Worte als Gefangener.

Die Kraftquellen der guten Lebensführung speisen sich zum einen aus einer individuellen, partikularen Ansprache von Gott. Paulus ist von Gott angesprochen. Seine Leser sind ebenfalls von ihm angesprochen, sogar von ihm gerufen und berufen. Göttliche Berufung ist also ein Leuchtfeuer, das Orientierungshilfe für die eigene Lebensführung bietet. Wer an sich selbst zweifelt, an seinen eigenen Fähigkeiten, der soll sich an seine Berufung erinnern. Gott hat jeden berufen, spricht Paulus seinen Leserinnen und Lesern zu.

Paulus betont bestimmte Werte, die für alle zugänglich, gültig und grundlegend für den christlichen Lebenswandel sind: Demut, Freundlichkeit, Geduld, Liebe, Einheit und Friede. Aus theologischer Perspektive muss Führung immer auch an diesem Wertekanon ausgerichtet sein. Interessant ist, dass die ersten drei Werte scheinbar als Grundvoraussetzungen betrachtet werden, während die anderen Aspekte ausführlicher eingeführt werden und offenbar mehr Erklärungen benötigen.

Die Liebe wird beispielsweise mit dem Begriff »Ertragen« verbunden, was verdeutlicht, dass Liebe nicht als romantisches Ideal betrachtet wird, sondern als Kraft, die menschliche Herausforderungen überwindet. Die Gemeinschaft benötigt diese Liebe dringend. »Aus so krummem Holze, als woraus der Mensch gemacht ist«, hat Kant bekanntlich treffend geschrieben, »kann nichts ganz Gerades gezimmert werden«.[5] Das Zusammenarbeiten mit anderen Menschen ist immer mit menschlichen Herausforderungen behaftet. Liebe ist dabei eine Kraft, die das Zwischenmenschliche »durchträgt«, aber sie muss auch selbst getragen und gepflegt werden. Nur schmerztolerante Menschen können zu Liebenden werden.

5 Kant, Immanuel: *Idee zu einer allgemeinen Geschichte in weltbürgerlicher Absicht (1784)*, Gesammelte Schriften, Band VIII, S. 23.

Paulus erklärt nicht genau, wie das Tun und das Beschenktwerden zusammenhängen, sondern stellt der Liebe einen wichtigen Begleiter zur Seite: den Frieden. Er betont, dass Frieden Zusammenhalt fördert und »das Band ist, das alles zusammenhält«. Führung sollte dem Frieden nachjagen, denn »selig sind die Friedensstifter« (Mt 5,9). Ähnlich wie die Liebe ist auch eine friedliche Atmosphäre keine Selbstverständlichkeit und muss gepflegt werden. Ohne Frieden zerfällt selbst das beste Team und es kommt zu Spannungen und Konflikten. In der Bibel ist Frieden ein Beziehungsbegriff, der darauf abzielt, dass auf dem Fundament der Gerechtigkeit ein Ausgleich zwischen allen entsteht, sodass jeder seinen Anteil bekommt. Es geht nicht darum, dass immer alles harmonisch sein muss, sondern darum, dass es immer wieder zu einem Ausgleich kommt.

4 *Ihr seid **ein** Leib*
*und **ein** Geist lebt in euch.*
*So ist es ja auch **eine** Hoffnung,*
zu der Gott euch berufen hat.

5 *Es gibt nur **einen** Herrn,*
***einen** Glauben*
*und **eine** Taufe.*

6 *Und ebenso nur **einen** Gott,*
den Vater von allem.
Er steht über allem,
wirkt durch alles
und erfüllt alles.

7 *Jeder Einzelne von uns*
hat seinen Anteil an der Gnade erhalten,
die Christus uns schenkt.

Paulus erinnert die Gemeinde an ihre Identität als Gemeinschaft: Sie ist *ein* Leib. Sie versteht sich als *eine* Einheit. Diese Einheit wird durch ihren gemeinsamen Bezug auf eine übergeordnete Größe konstituiert. Paulus' Vision der Gemeinde ist einerseits eine deskriptive Beschreibung, andererseits ist sie aber auch eine segensreiche Zusage, die unabhängig von allem Bemühen und Scheitern um Frieden und Liebe gilt. Die Gemeinschaft ist trotz der Vielheit gegeben, weil alle durch einen Geist, eine Hoffnung, einen Herrn, einen Glauben, eine Taufe und einen Gott verbunden sind. Hier wird von allen, besonders von solchen mit wichtigen Positionen, Demut verlangt. Alle sind gemeinsam auf dieselbe Art auf etwas viel Größeres bezogen, nämlich auf Gott. Es gibt vor Gott keinen Unterschied der Menschen. Die Taufe erinnert daran und macht alle gleich. Die Teilhabe an Gott ist nicht hierar-chisch gegliedert. Glaube, Respekt und Ehrfurcht vor Gott verlangen danach, dass jeder im anderen Menschen einen »Gleichbegnadeten« sieht.

Mit Blick auf das 21. Jahrhundert könnte man hin-zufügen: Auch ein Unternehmen kann sich als Teil einer größeren Gemeinschaft verstehen – vielleicht sogar als Teil des Reiches Gottes. Häufig wird das Unternehmen als eine Vereinigung von Menschen betrachtet, die gemein-sam etwas produzieren, um im Wettbewerb mit anderen Unternehmen erfolgreich zu sein und Gewinn zu erzielen. Auch wenn diese Definition eines Unternehmens nicht grundsätzlich falsch ist, muss man zugleich bedenken, dass Unternehmen eine der interessantesten und krea-tivsten Organisationstypen sind, die die moderne Gesell-schaft hervorgebracht hat. Dass es überhaupt Unterneh-men gibt und dass sie schon so lange in der Gesellschaft existieren, liegt schließlich auch daran, dass sie dazu bei-tragen, den allgemeinen Wohlstand zu verbessern. Da-her stellt sich immer wieder die Frage, wie Unternehmen auf konstruktive Weise an der Gesellschaft teilhaben und ihr dienen können. Keiner wusste das besser und hat das besser erfasst als Peter Drucker, der schrieb: »To know what a business is, we have to start with its purpose. It's purpose must lie outside of itself. In fact, it must lie in society, since business enterprise is an organ of society.« Auch Unternehmen können und sollen sich als Mitglied eines höheren sozialen Zwecks verstehen.

Führen bedeutet, die zu fördern, die die eigentliche Arbeit tun

8 *Darum heißt es:*
   »Er ist in die Höhe hinaufgestiegen.
   Einen Zug von Gefangenen führte er heim.
   Den Menschen brachte er Gaben.«

9 *»Er ist hinaufgestiegen« –*
   was bedeutet das denn anderes,
   als dass er auch
   zu den Niederungen der Erde hinabgestiegen ist?

10 *Derselbe, der hinabgestiegen ist,*
   ist auch hoch über alle Himmel hinaufgestiegen.
   Denn er sollte alles mit seiner Gegenwart erfüllen.

11 *Und derselbe war es auch,*
   der jedem seine Gaben geschenkt hat:
   Die einen hat er zu Aposteln gemacht.
   Andere zu Propheten

oder zu Verkündern der Guten Nachricht.
Und wieder andere zu Hirten oder Lehrern.

12 *Deren Aufgabe ist es,*
die Heiligen für ihren Dienst zu schulen und auszurüsten,
für die Erbauung und zum Aufbau des Leibes von Chris-
tus.

Diese Textpassage ist wohl ohne Weiteres nicht ganz verständlich für Leser aus dem 21. Jahrhundert. Man muss wissen, dass Paulus eingangs eine Passage aus dem Alten Testament zitiert, die er dann für die Epheser mit Jesus Christus deutet. Jesus sei im Himmel und auf der Erde gewesen und habe die Gaben verteilt, von denen die Passage im Alten Testament schon berichtet hatte.

In Bezug auf die Führung der Gemeinde ist es nach Paulus Jesus Christus selbst, der »jedem seine Gabe geschenkt hat«. Jesus war überall, oben und unten und hat alle Gaben an sich gebracht, die er nun mit vollen Händen verteilt. Diese Schenkung ist individuell und doch erläutert Paulus hier verschiedene Kategorien und Aufgabenfelder, die aus den Gaben entspringen. Er benennt konkret die Dienste Apostel, Prophet, Verkünder (Evangelist), Hirte und Lehrer. All diese Dienste haben ein Ziel: Nämlich die »Heiligen zu schulen und auszurüsten«, und zwar zu einer zweifachen Aufgabe: Erstens sollen die Heiligen das Werk des Dienstes tun, die Diakonie an den Mitmenschen realisieren und zweitens sollen sie den Leib von Christus aufbauen. Sowohl das diakonische Dienen der Kirche nach außen als auch der Aufbau ihres Leibes, also die Realisierung ihrer «corpus identity», die Verbindung all ihrer Glieder nach innen und ihr Wachstum, sind die Aufgaben der Gläubigen. Die damit verbundene Definition von Führung und Dienst ist entscheidend.

Leitung und Führung stehen im Dienst der Gemeinschaft der Glaubenden, nicht umgekehrt. Es ist die Gemeinschaft, die im Vordergrund steht und nicht die Führungsfunktion. Leitung ist Mittel zum Zweck und nicht Selbstzweck. Die Führung, die hier eingesetzt und skizziert wird, ist kein Postulat einer neuen Herrschaft, sondern eine notwendige und demütige Struktur. Führungskräfte tun also gut daran, ihr Handeln nicht als zentralen Dreh- und Angelpunkt zu verstehen, sondern ihre Gabe der Leitung für die Stärkung der Gemeinschaft und jedes einzelnen Gläubigen einzusetzen. Leitung bedeutet in dieser Definition, dass sich die Führungskräfte viel mehr wie ein Coach denn als Spieler verhalten. Führung bedeutet nicht, dass man die Dinge weitestgehend selbst erledigt und am Ende alles alleine entscheidet und tut, sondern Führungskräfte agieren als Befähiger und Ermutiger.

Die eigentliche Arbeit macht die Gemeinschaft aller. Die Kernaufgaben, die die Identität der Organisation Kirche ausmachen, sind im griechischen Grundtext das Werk des Dienstes (die Diakonie) und der Hausbau (die Auferbauung) des Leibes Christi. Aber hier muss man genau aufpassen: Wer soll die Kirche aufbauen? Gerade *nicht* die Leiter, sondern alle Mitglieder! Wer soll den Dienst der Kirche in dieser Welt tun? Nicht diejenigen, die die Leitung haben, sondern die anderen, gewöhnlichen, untergeordneten Arbeiterinnen und Arbeiter. Der Text gibt also eine ganz klare Antwort auf die Frage, wer die eigentliche Arbeit macht und die »Produkte« hervorbringt: alle außer der Leitung. Im Bild eines Fußballvereins könnte man sagen: Gerade derjenige, der die Mannschaft aufstellt, führt und leitet, spielt kein einziges Spiel. Die Mannschaft kämpft. Der Trainer schaut vom Seitenrand zu.

Wo die Kirchenleitung, der Priester, der Bischof, der Papst oder der Pfarrer ist, da ist die Kirche. Dieses Konzept hat sich in vielen Kirchen eingeprägt. Aber es ist ganz gegen diesen Text. In manchen Bibelübersetzungen ist dieser sogar unpräzise übersetzt, weil die Übersetzer selbst von diesem falschen Kirchenkonzept geprägt sind.

Wo die Gemeinde ist und wo die einzelnen Glaubenden sind, da ist die Kirche. Die Organisation wird durch jeden einzelnen Mitarbeiter und die Verbindung von ihnen untereinander repräsentiert.

Die von Paulus aufgezählten Leitungsaufgaben haben feine und wichtige Unterscheidungen. Allein diese Differenzierung entzieht einer des Öfteren zu beobachtenden Omnipräsenz und Machtfülle einer einzelnen Führungsperson den Boden. Die Macht und Verantwortung in der Leitung wird ganz bewusst auf verschiedene Gaben, Dienste und Personen aufgeteilt. Die Apostel beispielsweise, zu denen ja auch Paulus selbst gehört, können als Gründungspersönlichkeiten oder Gesandte in höherem Auftrag bezeichnet werden.

Spannend ist, dass die *Apostel* in der neutestamentlichen Tradition zwar als sehr wichtige, initiale Impulsgeber und Gemeindegründer auftreten, aber ihre tragende Rolle für den Aufbau der unterschiedlichen lokalen Gemeinschaften ist jeweils temporär begrenzt. Petrus gründet die Urgemeinde in Jerusalem. Doch später übernimmt Jakobus, der Bruder von Jesus, die Leitung. Petrus zieht weiter. Paulus gründet die Gemeinde in Korinth und baut sie auf. Doch er zieht nach 18 Monaten aus Korinth weiter und auch die Gemeinde in Ephesus verlässt er nach drei Jahren. Er macht sich (und ist!) als Gründer entbehrlich, indem er für Strukturen sorgt, die auch nach seiner Anwesenheit bestehen, und Menschen ausrüstet, nach ihm Führungspositionen ausfüllen zu können. In seinem Kontext weiß er darum, dass er nur Bote der frohen Botschaft seines Herrn ist und nicht in letzter und auch nicht in erster Linie für den Erhalt und Fortgang der Gemeinden verantwortlich ist.

Aber nicht nur der Apostel, sondern auch der *Prophet* hat eine wichtige Rolle im Leitungsgefüge für die Gemeinschaft. Er kann verstanden werden als ein Richtungsgeber und Visionär, der tiefe Einsichten und Erkenntnisse hat. Er sieht häufig und früher mehr als andere und kann auf Missstände, Risiken und Chancen hinweisen. Er interveniert und scheut sich nicht, dem Gründer oder anderen die Kritik klar und deutlich zu sagen. So ist er troubleshooter und – wenn er gut integriert ist – auch »Change-Agent«, der den Anstoß für Veränderungsprozesse gibt.

Der *Verkünder* oder auch Evangelist verbreitet die gute Nachricht und gewinnt Menschen für die Gemeinde. Er überzeugt. Er vermarktet. Er bringt das Evangelium an den Mann und die Frau und erinnert die Gemeinschaft aller immer wieder daran, um was es eigentlich geht, was der Kernauftrag und die Grundlagen sind. Während der Prophet derjenige ist, der mit einer heilsamen Erschütterung Change-Prozesse anregt, kann der Verkünder die leitende Vision einfühlsam vermitteln und führt damit Menschen durch komplexe Situationen. Die explosive Energie, die der Prophet erzeugt, kann er als Kommunikator der Vision in Bewegungsenergie umwandeln.

Die *Hirten* und *Lehrer* nehmen sich der Glaubenden an. Der Hirte agiert mit einer besonderen Fürsorglichkeit und Tröstung. Er spürt schnell, was die Menschen brauchen, um in Frieden arbeiten und wirken zu können. Er versorgt sie mit Kraftressourcen. Der gute Lehrer führt in die Selbstständigkeit. Er vermittelt Kompetenzen, zeigt, wie diese Kompetenzen selbstständig umgesetzt werden können und im besten Fall auch, wie Kompetenzen in Zukunft eigenverantwortlich selbst erworben werden können. Er führt die Menschen zur Reife und Selbstständigkeit. So macht sich ein guter Lehrer auf die Länge selber überflüssig oder ist einer, der lebenslang selbst lernt, so dass er immer weiter Neues lehren kann.

Paulus zeigt hier also eine Fülle an unterschiedlichen Gaben, die in einer Gemeinde vorhanden sein können. Es gibt also nicht den einen Führungsstil, den sich alle guten Gemeindeführer aneignen müssen. Und damit spricht er etwas aus, das auch Peter Drucker auf seine Weise erkannt hatte. »The effective executives I have seen«, erklärte er nach eingehender Analyse von vielen Führungskräften, «differ widely in their temperaments and their abilities, in what they do and how they do it, in their personalities, their knowledge, their interests – in fact in almost everything that distinguishes human beings. All they have in common is the ability to get the right things done.« Und um eben die »right things« umzusetzen, ist jede Führungskraft auf die Gaben ihrer Mitarbeitenden angewiesen.

13 *Am Ende sollen wir alle vereint sein im Glauben*
   und in der Erkenntnis des Sohnes Gottes.
   Wir sollen zu vollendeten Menschen werden
   und reif genug,
   Christus in seiner ganzen Fülle zu erfassen.
14 *Denn wir sollen nicht mehr wie unmündige Kinder sein –*
   ein Spielball von Wind und Wellen
   im Meer zahlreicher Lehren.
   Sie sind dem falschen Spiel von Menschen ausgeliefert,
   die sie betrügen und in die Irre führen.
15 *Dagegen sollen wir an der Wahrheit festhalten*
   und uns von der Liebe leiten lassen.
   So wachsen wir in jeder Hinsicht dem entgegen,
   der das Haupt ist: Christus.

16 Von ihm her wird der ganze Leib zusammengefügt
und zusammengehalten durch alle stützenden Sehnen.
Dabei erfüllt jedes einzelne Teil seine Aufgabe –
entsprechend der Kraft,
die ihm zugeteilt ist.
So wächst der ganze Leib heran,
bis er durch die Liebe aufgebaut ist.

Alles, was bisher gesagt worden ist, hat ein großes Ziel: Die Gemeinschaft der Glaubenden soll dynamisch wachsen. Ihre Mitglieder sollen zu mündigen Mitgliedern werden, die nicht in unmündigen Abhängigkeiten zu den anderen stehen. Ziel ist die Augenhöhe. Auf Augenhöhe sollen alle gemeinsam gegenseitig geben und empfangen, so dass alle profitieren können und die Gemeinschaft ihre Ziele verwirklichen kann. Dazu gehört eine gesunde Lehre. Wahrheit und Liebe geben sich die Hand. Die Fragen »Ist es wahr, was wir da machen und reden?« kann getrost von allen mit Ja beantwortet werden. Das Zusammenleben ist gerecht geregelt, aber wird immer wieder darüber hinaus zur Liebe. Die Kommunikation ist dabei ehrlich und offen. So ist das dynamische Wachstum das Ziel. Jeder und jede erkennt immer besser seinen/ihren eigenen Teil an der großen Aufgabe. Er oder sie erkennt immer mehr seine/

ihre individuelle Gabe und seine/ihre Verantwortung für das Ganze.

Ein Unternehmen ist dann wirklich erfolgreich, wenn es seinen Beitrag für die Gesellschaft gefunden hat. Die gute Leitung hat diesen Erfolg gerade nicht erarbeitet, sondern die Mitarbeiter dazu ausgerüstet, diesen Erfolg zu erwirken. Der Erfolg ist der Erfolg der Mitarbeiter.

Merksätze

Wir können den Ertrag auf folgende Merksätze zuspitzen:

- Ein Unternehmen ist nicht in sich selbst begründet, sondern dient einem höheren gesellschaftlichen Zweck, im besten Fall Gott selbst.
- Wo Frieden herrscht, ist Zusammenhalt.
- Frieden verwebt und verwurzelt alles und wo kein Frieden ist, da zerfällt und zerbröselt selbst das beste Team.
- Der Erfolg ist der Erfolg der Mitarbeitenden.
- Eine gute Führungskraft führt zu Selbstständigkeit.
- Eine gute Führungskraft arbeitet darauf hin, dass ihr Eingreifen möglichst selten unentbehrlich ist.

- Führen bedeutet, Menschen mit ihren individuellen Gaben die passende Aufgabe zu geben. Führen bedeutet nicht, alle Gaben selbst zu besitzen.
- Persönliches Wachstum der Mitarbeitenden ist Zeichen und Ergebnis guter Führung.
- Eine gute Führung ist in einer guten Selbstführung verwurzelt.
- Gut zu führen heißt, gute Strukturen aufzubauen.
- Gute Führung ist demütig.
- Führungskräfte sind wie Trainer, nicht wie Spieler. Sie schießen keine Tore, sondern feiern sie.

Die Liebe – Unsere nachhaltigste Investition

Angelika Röhm,
Geschäftsbereichsleitung Hoffnungsträger Stiftung

Wie alle Menschen stellen wir uns auch als Führungskräfte die Frage: Was ist das Wichtigste im Leben? Viele Menschen halten den Glauben für das Wichtigste auf der Welt! Nun, da liegen wir vollkommen falsch! Paulus schreibt: Für jetzt bleiben Glaube, Hoffnung, Liebe, diese drei; doch am größten unter ihnen ist die Liebe. Das wurde von ihm nicht so einfach dahingesagt, denn kurz vorher schreibt er: Wenn ich alle Glaubenskraft besäße und Berge damit versetzen könnte, hätte aber die Liebe nicht, wäre ich nichts (1 Korinther 13).

Wieder einmal lief ich in die Atacamawüste hinein. Die trockenste Wüste der Erde. Damals lebte ich mit meinem Mann und unserer Familie im Norden Chiles. Wir arbeiteten in einem Projekt der Internationalen Entwicklungszusammenarbeit. Wir waren betraut mit der Aufgabe, ein duales Ausbildungszentrum mit staatlicher Anerkennung für sozial benachteiligte Jugendliche aufzubauen. Seit einigen Jahren lebten und arbeiteten wir zusammen mit der chilenischen Leitung und Mitarbeitenden auf der Parcela der ONG Filadelfia. Wir waren entschieden, unseren Beitrag zu leisten. Wir wollten die Menschen lieben. Wir teilten unser Leben! Wir teilten unsere Arbeitskraft, unsere Freizeit, unseren Esstisch, unser Privatleben.

Viele junge Menschen durften wir beschenken mit Erfahrungen der Zuwendung, der Zuverlässigkeit, Ausdauer, Aufrichtigkeit; mit Liebe! Das war nicht selten herausfordernd. Meine persönlich innerliche größere Herausforderung lag an diesem Tag aber im

Mitarbeiterteam. Unsere chilenische Leitung verletzte mich immer und immer wieder. Mir gelang es nicht, ihre Erwartungen zu erfüllen. Ich fühlte mich unverstanden. War ich doch mit ganzem Herzen und ganzem Einsatz vor Ort. Die Tränen liefen mir über die Wangen beim Laufen. Ich war erschöpft, müde, enttäuscht. Meine Fähigkeit zu lieben war an ihre Grenzen gekommen. Es wurde leer in mir. Plötzlich begann es ganz leise und dann immer lauter in mir zu singen: I have decided to follow Jesus. I have decided to follow Jesus, I have decided to follow Jesus, no turning back, no turning back. Immer lauter wurde die Stimme in mir. Ich stimmte nun selbst ein und sang mit. Zuerst leise und dann immer lauter. In diesem Moment wurde mir klar, dass ich eingeladen war, zu lieben. Zu einer Liebe, die göttliche Dimensionen hat. Mein persönliches Liebesabenteuer ging jetzt richtig los. Der Weg des Glaubens ist der Weg der Liebe in allen Rollen und Funktionen, die unser Leben ausfüllt.

Die Liebe, beschreibt Paulus, besteht aus neun verschiedenen Aspekten: Geduld, Wohlwollen, Großzügigkeit, Demut, Anstand, Selbstlosigkeit, Duldsamkeit, Arglosigkeit, Aufrichtigkeit. Diese neun Elemente der Liebe kommen zum Ausdruck in der Liebe Gottes zu den Menschen, sowie in der Liebe von Menschen zu Menschen. Sie ist mehr wie die Summe seiner Teile, wie die Summe dieser neun Tugenden. Sie ist lebendig – sie ist göttlich! Wenn wir in Gott leben, dann lieben wir wie er – und diese Liebe gilt uns selbst, sowie dem Nächsten.

In Chile startete ich ein integratives Wohnprojekt. Da lerne ich eine Frau kennen. Nachdem sie Opfer einer Massenvergewaltigung in kriegerischen Auseinandersetzungen ihres Herkunftslandes wurde, ist aufgrund der Traumatisierung das Leben aus ihr gewichen. Sie ist »eingefroren«. Vermeidet jegliche Emotionen, hat keine Sprache, Mimik und Gestik mehr. Erst als sie auf Menschen traf, die liebten, begann sie sich sehr zaghaft wieder dem Leben zuzuwenden! Ich denke an einen jungen Mann. Er kommt aus einer sehr armen Familie. Er hat keinerlei Chance auf Unterstützung für seine Ausbildung oder sein Studium. Drogen begleiten ihn seit Kindesalter. Er selbst konsumiert seit Jahren regelmäßig. Er ist abhängig! Und dann entdeckt er Menschen, die ihn annehmen und lieben. Das lässt ihn hoffen. Da ist ein Mitarbeitender an den Grenzen seiner Belastbarkeit angekommen. Er weiß nicht mehr ein und aus. Und dann erlaubt er sich endlich mal auszusprechen, was alles auf ihm lastet. Und trifft auf einen Vorgesetzten, der ihn liebt.

So oft schon habe ich mich danach gesehnt, einen Glauben zu finden, der dem Leben standhält. Inzwischen ahne ich, dass nicht mein Glaube dem Leben standhält, sondern die Liebe tut es! Die Hoffnung beflügelt die Liebe. Es ist eine göttliche Hoffnung, die sich vollkommen auf die Liebe ausrichtet! Wir alle sind eingeladen zu dieser Hoffnung! Wir dürfen uns gegenseitig in dieser Hoffnung stärken. Wir dürfen sie real werden lassen unter uns! Das kann und darf gerade dort geschehen, wo Menschen uns als Führungskräfte begegnen.

Der Gott der Hoffnung aber erfülle euch mit aller Freude und Frieden im Glauben, dass ihr immer reicher werdet an Hoffnung durch die Kraft des Heiligen Geistes.

RÖMER 15,13

Als Führungskräfte kommt es in den Herausforderungen aller unserer Entscheidungen darauf an, in das zu investieren, was wirklich bleibt, nämlich in die Liebe. Wo bist du als Führungskraft eingeladen zu lieben? Dich neu für die Liebe zu entscheiden?

MOSE UND JETHRO:

Führen heißt Delegieren

Mose knapp vor dem Burnout

»Der Chef muss immer da sein, sonst läuft es nicht.« «Wenn der Chef nicht ständig bemüht ist, dann fällt der Laden auseinander.« »Nur weil der Chef nicht alles selbst machen kann, braucht er Mitarbeiter.« »Wenn der Chef nicht Antreiber ist, dann läuft das Unternehmen auf.« So ein Denken steckt im Verborgenen tief in den Köpfen vieler Führungskräfte. Und nicht selten kann dieses Denken, man sei unentbehrlich, zu einer »self-fulfilling prophecy« werden. Denn Führungskräfte, die ihren Mitarbeitern nichts zutrauen und nie wichtige Entscheidungen übertragen können, werden zwangsläufig die Hauptlast der wirklich wichtigen Arbeit selbst tragen müssen. Chefs mit diesem arbeitssüchtigen »Unentbehrlichkeits-Syndrom« erleiden häufig nach mehreren Jahren erschöpfender Arbeit einen Burnout, in dem sie neu lernen müssen, dass die Welt sich auch ohne ihr Zutun erfolgreich weiterdreht.

Wer nicht delegiert, der führt nicht. So einfach und so schwer ist das. Wer nicht delegiert, der macht alles selbst. Wer nicht delegiert, braucht keine Mitarbeiter. Wer nicht delegiert, vertraut letztlich nicht darauf, dass

Gott andere Menschen ebenso begabt hat, aber anders. Wer nicht delegiert, leugnet, dass andere Menschen manches ebenso gut und noch besser machen können, weil sie es eben anders machen. Wer nicht delegiert, ist überheblich, weil er nur der Gebende sein will, aber nicht der Empfangende. Wer nicht delegiert, stellt sich nicht in die Gemeinschaft, sondern nimmt sich immer wieder aus der Gemeinschaft heraus.

Mit einem Bild aus der Schifffahrt gesprochen: Der Kapitän, der nicht delegiert, verliert immer wieder den Kurs des Schiffes aus den Augen, weil er eben nicht nur am Steuer, sondern überall im Schiff gleichzeitig sein will. So gefährdet er immer wieder seine Kernaufgabe und damit auch andere und das ganze Schiff. Vielleicht ist es ein Kennzeichen von Menschen mit einer großen Führungsaufgabe, dass sie diese Schwachstelle haben. Es ist auf jeden Fall keine Schande, wenn sie auf diesem Gebiet viel lernen müssen. Einer der größten Anführer in der Bibel war Mose. An seinem Beispiel können wir viel in dieser Hinsicht lernen.

Mose legt als Anführer der Israeliten einen beeindruckenden Start hin, der ihn womöglich selbst überrascht hat. Gegen größte Widerstände des ägyptischen Pharaos führt er das Volk aus Ägypten. Er, der sich gerade noch selbst keine Führungsposition zugetraut hat (siehe

2 Mo 3-4), führt das Volk gewissermaßen im Alleingang sicher durch die größten Gefahren hindurch. Doch das, was in seiner Startphase so erfolgreich war, wird ihm immer mehr zum Verhängnis. Die »one-man-show«, die zur erfolgreichen Flucht eines großen Volkes geführt hat, erweist sich nach der Flucht als nachteilig.

Dieses Phänomen zeigt sich bei neu gegründeten Organisationen und Startups häufig. Die Kompetenzen und Eigenschaften, die am Anfang erfolgreich machen, müssen sich im Laufe der Zeit anpassen an die neuen strukturellen und prozessualen Herausforderungen. Nicht immer ist ein erfolgreicher Gründer oder eine erfolgreiche Gründerin auch eine starke, passende Führungskraft für eine Organisation mit vielen Mitarbeitenden. Generell gilt: Herangehensweise und Führungskultur sind nicht in Stein gemeißelt, sondern reagieren und interagieren mit neuen Umständen, Situationen und Rahmenbedingungen. Gute Führung ist organisch, vital und kontextuell.

Wir lesen im zweiten Buch des Mose, im Buch Exodus Folgendes: Mose selbst bemerkt nicht, dass der Modus des Anfangs nicht mehr greift. Er braucht den Input und die Korrektur eines Außenstehenden. In seinem Fall ist es sein eigener Schwiegervater.

13 *Am andern Morgen setzte sich Mose, um dem Volk Recht zu sprechen. Und das Volk stand um Mose her vom Morgen bis zum Abend.*

14 *Als aber sein Schwiegervater alles sah, was er mit dem Volk tat, sprach er: Was tust du denn mit dem Volk? Warum musst du ganz allein dasitzen, und alles Volk steht um dich her vom Morgen bis zum Abend?*

Das Volk ist nicht mehr in Ägypten. Mose hat sich als ihr Anführer erfolgreich profiliert. Es gibt keine ägyptische Rechtsprechung mehr. Alles muss neu organisiert und umgestaltet werden. Wer soll das tun? Wer kann also alle legislativen Aufgaben übernehmen? Für Mose ist es selbstverständlich: Er selbst natürlich. Wer sonst? Schließlich ist er von Gott berufen und hat das Volk allein in die Wüste geführt.

Mose arbeitet wie ein Workaholic. Interessant und typisch ist, dass er sich nicht als solchen erkennen kann. Wie bei vielen anderen Süchten auch ist die Selbsteinsicht selten. Jemand anderes muss es ihm sagen, dass er sich in einer Abwärtsspirale befindet. Die Größe von Mose besteht nun darin, dass er sich wirklich etwas von anderen sagen lässt.

Es ist interessant zu wissen, dass sein Schwiegervater Jethro in der Bibel nicht zum Volk Gottes gehört. Er war nicht in Ägypten und hat auch am Exodus nicht teilgenommen. Er ist kein Führungsexperte. Wahrscheinlich hat er nur in seiner Sippe Verantwortung gehabt. Seine Führungserfahrung in der Wüste beschränkte sich wohl ziemlich auf das Weiden seiner Schafe. Allerdings lesen wir in der Bibel, dass er delegieren konnte. Seine Töchter haben die Verantwortung für die Schafe übernommen und führten diese regelmäßig zur Tränke. Genau aus diesem Grund haben sie auch überhaupt erst Mose kennengelernt. Kurioserweise wäre Jethro ohne Delegieren nie zum Schwiegervater des Mose geworden.

15 *Mose antwortete seinem Schwiegervater: Das Volk kommt zu mir, um Gott zu befragen.*
16 *Denn wenn sie einen Streitfall haben, kommen sie zu mir, damit ich richte zwischen dem einen und dem andern und tue ihnen kund die Satzungen Gottes und seine Weisungen.*

Mose sieht sich nicht in Verantwortung für seine allzu große Selbsttätigkeit. Alles ist ihm zugetragen worden. Die anderen oder die Umstände sind für die eigene Überbeschäftigung verantwortlich. Einer muss es doch machen.

Und er ist doch als Anführer des Volkes dafür prädestiniert, auch ihr Richter zu sein.

17 Sein Schwiegervater sprach zu ihm: Es ist nicht gut, wie du das tust.

18 Du machst dich zu müde, dazu auch das Volk, das mit dir ist. Das Geschäft ist dir zu schwer; du kannst es allein nicht ausrichten.

Jethro ist weise und hat offensichtlich viel Lebenserfahrung. Zudem ist er ein Mann der klaren Worte und scheut sich nicht, Dinge anzusprechen, von denen er glaubt, dass sie seinem Schwiegersohn und dem Volk schaden. Der Workaholismus des Mose ist letztlich nicht nur für ihn selbst schlecht, sondern auch für das gesamte Volk. Kann man das Beste wollen und sich mit großem Einsatz darum bemühen und gerade so das Falsche tun? Offensichtlich ja! Die beste Motivation oder Motive sind kein Garant für das Tun des Guten. Mose bietet ein Beispiel dafür. Jethro weiß: Derjenige, der nicht delegiert, sondern lieber alles selbst tut, macht nicht nur sich, sondern auch die anderen um sich herum müde. Wer in seiner Führungsposition nicht delegiert, wird chronisch ausgelaugt sein und macht auch die anderen müde, weil die Gestaltungskraft von allen gedämpft und eingesperrt wird. Weil die Unternehmenskultur und Arbeitsweise signifikant von oben bestimmt wird, prägt ein solches Führungsverhalten die ganze Organisation. In Moses Fall: ein ganzes Volk.

Ein idealer Chef sollte offensichtlich in der Lage sein, diverse Tätigkeiten zu übernehmen, aber er sollte sich immer wieder faul vorkommen, weil alle anderen den Job machen. Wenn ein Chef sich so fühlt, ist das kein schlechtes Zeichen. Wenn das Unternehmen erfolgreich ist und die Mitarbeiter sich fragen, was der Chef eigentlich den lieben langen Tag tut, wenn sie doch die ganze Arbeit erledigen, dann sollte sich ein Chef solch eine Kritik als großes Lob an die Wand hängen, sogar wenn es nicht so gemeint war. Denn offensichtlich ist er so genial, alle Arbeit so zu delegieren, dass sie getan wird, und hat deshalb Zeit für neue Herausforderungen.

Ein Chef sollte auch opferbereit in die Bresche springen. Dass die unaufhörliche Arbeit jedoch zu seiner Grundhaltung wird, ist ungesund und für die Arbeitsgruppe nicht förderlich. Denn: »Du machst dich zu müde, dazu auch das Volk, das mit dir ist.« Aufopfern ist auf die Dauer keine Tugend. Ein Workaholic fördert seine Mitarbeiter nicht, sondern gibt ihnen das Gefühl, nicht zu genügen, und lähmt so ihre Motivation.

19 *Aber gehorche meiner Stimme; ich will dir raten, und Gott wird mit dir sein. Vertritt du das Volk vor Gott und bringe ihre Anliegen vor Gott*

20 *und schärfe ihnen die Satzungen und Weisungen ein, dass du sie lehrst den Weg, auf dem sie wandeln, und die Werke, die sie tun sollen.*

21 *Sieh dich aber unter dem ganzen Volk um nach redlichen Leuten, die Gott fürchten, wahrhaftig sind und dem ungerechten Gewinn feind. Die setze über sie als Oberste über Tausend, über Hundert, über Fünfzig und über Zehn, ...*

Dies ist der berühmte Rat des Jethro. Das Entscheidende an diesem Rat ist, dass Mose ihn annimmt. Er wird der Forderung von Jethro folgen und auf seine Stimme hören. Mose wird in der Bibel gerühmt, weil er so demütig war. Dies ist eine der Stellen, an denen sich die Demut von Mose zeigt. Er hört auf andere, auch wenn die auf den ersten Blick kaum Kompetenzen vorweisen können. Er hört auf sie und prüft, ob nicht gesunder Menschenverstand in diesem Rat zu finden ist. Die Bibel würde sagen: Weisheit! Weil Mose demütig ist, wird er sehr weise. Er ist weise, weil er zuhören kann.

Jethro rät: Behalte du die Richtlinienkompetenzen für die ganz großen Fragen und die Leitlinien. Es gibt Dinge, die du nicht delegieren kannst. Nur du sollst das Volk vor Gott vertreten. Das nimmt dir niemand ab. Du bist der Gesetzeslehrer. Lehre du dem Volk die Weisungen und Gesetze. Doch andere können mit diesen Gesetzen richten. Setze Richter ein! Schaffe eine Struktur: Zehnergruppen, Fünfzigergruppen, Hundertergruppen und Tausendergruppen. Suche für alle Gruppen die richtigen Richter, die sich an deine Leitlinien und Gesetze halten.

Richter müssen redlich sein. Kernkompetenzen für Richter sind hier gefragt, die sie nicht entwickeln, sondern die sie mitbringen müssen. Es ist wichtig, die passenden Leute mit den richtigen Eigenschaften zu finden und auszuwählen. Dafür ist Klarheit bei der Jobbeschreibung und beim Profil wichtig. Unterscheide, was »on the job« gelernt werden kann und was unbedingt schon an Fähigkeiten mitgebracht werden muss. Redlichkeit ist eine Charaktereigenschaft. Spezifische Skills sind offensichtlich nicht so wichtig wie Charaktereigenschaften und grundlegende Kompetenzen. Wenn jemand fleißig ist, sein Leben meistert und intelligent und umsichtig sich neuen Aufgaben widmen kann, dann wird er sich auch leicht in neue Arbeitsgebiete einarbeiten können. Wenn jemand von seinen spezifischen Fähigkeiten her zwar passt, aber faul ist, wird er wahrscheinlich immer faul bleiben. Die »Obersten«, die das Volk richten und führen sollen, müssen nicht Führungserfahrungen haben, sondern sie müssen vor allem redlich sein. Der gebildetste und erfahrenste Richter, der nicht redlich ist, wird ein miserabler Richter sein und bleiben.

22 dass sie das Volk allezeit richten. Nur wenn es eine größere Sache ist, sollen sie diese vor dich bringen, alle geringeren Sachen aber sollen sie selber richten. So mach dir's leichter und lass sie mit dir tragen.

Mach's dir leichter! Lass andere mit dir die Aufgaben mittragen. Beides sind zentrale Fähigkeiten einer guten Führungsperson. Also: Ein Leiter, der es sich durch Delegation versucht leichter zu machen, der handelt richtig, ebenso einer, der andere gezielt mittragen lässt. Die Fähigkeit, es sich leichter machen zu wollen, damit er sich auf das Wesentliche konzentrieren kann, ist ein Qualifikationsmerkmal einer Führungsperson. Dabei geht es nicht nur um einen besseren oder schlechteren Führungsstil, sondern es kann auf die Länge hin gesehen auch um Erfolg oder Scheitern und sogar um das eigene Überleben in einer verantwortlichen Position gehen, jedenfalls um die eigene psychische und physische Gesundheit. So fährt der Schwiegervater fort:

23 *Wirst du dies tun und wird Gott es dir gebieten, so kannst du bestehen, und auch dies ganze Volk kann in Frieden heimkehren.*

24 *Mose gehorchte dem Wort seines Schwiegervaters und tat alles, was er sagte,*

Mose gehorchte. Auf wen hörst du? Wo hast du nicht gehört? Jethro ist nicht der Fachmann, der weiß, wie man ein Volk durch die Wüste führt. Er hat das noch nie gemacht. Eine Qualifikation hatte Jethro aber: Er ist weise und hat Lebenserfahrung. Wer sich nur von Gleichgesinnten oder Menschen auf Augenhöhe beraten lässt, der verpasst vielleicht den entscheidenden Ratschlag, der aus gesundem Menschenverstand und Lebenserfahrung kommt und ihn weiterführt. Deshalb gilt für jeden Anführer: Wer demütig ist, zuhören und »ge-horchen« kann, der wird weise leiten.

25 *und erwählte redliche Leute aus ganz Israel und machte sie zu Häuptern über das Volk, zu Obersten über Tausend, über Hundert, über Fünfzig und über Zehn,*

26 *dass sie das Volk allezeit richteten, die schwereren Sachen vor Mose brächten und die kleineren Sachen selber richteten.*

Diese Verantwortlichen wussten offensichtlich genau, ab wann sie zum Chef mussten und was sie selber entscheiden konnten. Mose behält trotz Delegation die Richtlinienkompetenz in den übergreifenden Fragen. Die Delegation hat ihn nicht geschwächt, sondern im Gegenteil gestärkt.

Hier sollte jeder Verantwortliche sich fragen: Was sind meine Delegationshemmer? Wer hemmt mich, innerlich und äußerlich, zu delegieren? Auf welche Stimmen habe ich in der Vergangenheit gehört? Welche Ängste löst es in mir aus, wenn ich mir vorstelle, dass ich darauf angewiesen bin, dass andere ohne mich ihre Aufgaben tatsächlich machen und ihre Verantwortung wahrnehmen?

Wie kann ich die Grenzen zwischen dem Macromanagement, für das ich verantwortlich bin, und dem Micromanagement, in das ich mich auf keinen Fall mehr einmischen sollte, unterscheiden, wie kann ich diese Grenzen dynamisch zu meiner Entlastung verschieben?

Nach dem Delegieren ist
vor dem Delegieren

Mose schafft eine erfolgreiche Struktur. Doch seine Aufgabe wächst weiter. Er muss das Volk nicht nur richten, sondern auch erfolgreich weiterhin durch die Wüste bringen. Bald zeigt sich, dass er die Zeit und Kraft, die er durch den Rat seines Schwiegervaters empfangen hat, unbedingt braucht. Hätte er nicht gehört, hätte er sich und das Volk extrem gefährdet. Doch er wird auf einem höheren Level wieder in dieselbe Falle geraten. Denn es wird immer deutlicher, dass das Volk wie eine Organisation ist, die gegenüber ihrem eigentlichen Ziel viel Widerstand leistet und immer wieder zweifelt, ob das ganze Unterfangen nicht zum Scheitern verurteilt ist. Moses Arbeit wird dadurch immer herausfordernder. Dies führt ihn erneut in eine große Überforderung. Nun aber realisiert er sie immerhin selbst. Die Belastung ist so schlimm, dass sie ihn in Todesfantasien bringt. So spricht er im 4. Buch Mose zu Gott:

4 MOSE 11,14–15

14 *Ich vermag all das Volk nicht allein zu tragen, denn es ist mir zu schwer.*

15 Willst du aber doch so mit mir tun, so töte mich lieber, wenn anders ich Gnade vor deinen Augen gefunden habe, damit ich nicht mein Unglück sehen muss.

Der positive Dienst und die große Aufgabe von Gott werden mit der Zeit zur existenziellen Bedrohung für Mose. Hier erkennen wir, dass das Konzept des lebenslangen Lernens aus der Bibel stammt. Jesus nennt seine Begleiter Schüler, was Martin Luther mit Jünger übersetzt hat. Einmal Jünger – immer Jünger. Wer ein Schüler von Jesus wird, bleibt ein Schüler von Jesus, auch wenn er selbst schon lange Lehrer ist.

Hier sehen wir: Der große Lehrer Mose ist weiterhin ein Schüler in der großen Lebensschule seines Gottes. Doch er vergisst das im entscheidenden Moment. Er zieht Bilanz über seine Tätigkeit und sagt: Ich kann nicht mehr, ich muss aufhören. Doch Gott zeigt ihm nun eine neue Dimension des Delegierens als Lösung für sein Problem.

16 Und der Herr sprach zu Mose: Sammle mir siebzig Männer unter den Ältesten Israels, von denen du weißt, dass sie Älteste im Volk und seine Amtsleute sind, und bringe sie vor die Stiftshütte und stelle sie dort vor dich, ...

Mose kann an die bestehende Struktur anknüpfen. Er hat schon ein hierarchisches Delegations- und Leitungssystem im Volk geschaffen. Diese Struktur ist wie ein Netz, das ihn nun trotz des Druckes tragen kann. Doch er merkt das alles nicht – es muss ihm gesagt werden. Er, der auf Menschen hören kann, vernimmt nun die Stimme Gottes direkt. »Du hast Amtsleute, du hast Älteste« – »Es gibt welche, die schon lange auch Verantwortung tragen.« Anscheinend kann ein Chef, der unter Druck kommt, das schnell vergessen. Was aufgebaut ist, kann sich bewähren, kann sich weiterentwickeln. Mose wird dazu angehalten, nicht verächtlich auf seine »alten« Führungsmaßnahmen zu blicken, sondern sie als Ressource zu nutzen. Ersetze das Alte nicht einfach, sondern arbeite damit und entwickle es weiter. Gott will hier die alte Struktur nutzen und umbauen.

17 so will ich herniederkommen und dort mit dir reden und von deinem Geist, der auf dir ist, nehmen und auf sie legen, damit sie mit dir die Last des Volks tragen und du nicht allein tragen musst.

Wird Mose nicht etwas durch die Delegation verlieren? Zuerst einmal sieht es so aus. Sein Geist, sein Spirit, den er von Gott hat und der ihn so unverwechselbar begabt macht und ihm seine Dienstidentität schenkt, davon soll ein Teil von ihm genommen und auf andere gelegt werden. Mose könnte hier Identitätsängste bekommen und vielleicht hatte er sie auch. Doch es wird sich zeigen, dass dieser Geist sich durch das Teilen auf andere Menschen bei Mose nicht verkleinert, sondern vermehrt. Durch dieses Teilen gibt es schließlich mehr »spirit« des Mose im Volk als vor seiner Delegation in ihm selbst.

In den folgenden Versen sagt Gott dem Mose, dass er auch am Volk ohne sein Dazutun handeln will. Es gibt auch Dinge, die ohne Leitung passieren. Ein Leiter muss nicht alle Probleme lösen. Mose wird zum Gottvertrauen aufgefordert, nicht um Dinge einfach liegen zu lassen, sondern um darauf zu vertrauen, dass Gott selber Lösungen schenkt und selbst an den Menschen handelt.

24 Und Mose ging heraus und sagte dem Volk die Worte des Herrn und versammelte siebzig Männer aus den Ältesten des Volks und stellte sie rings um die Stiftshütte.

Mose hat einen Auftrag und soll sofort wieder selbst gestalten. Delegation ist immer auch Gestaltungsarbeit des Anführers. Mose sucht die Männer selbst aus.

25 Da kam der Herr hernieder in der Wolke und redete mit ihm und nahm von dem Geist, der auf ihm war, und legte ihn auf die siebzig Ältesten. Und als der Geist auf ihnen ruhte, gerieten sie in Verzückung wie Propheten und hörten nicht auf.

Mose war ein großer Prophet. Nun wurde von seinem Geist genommen und auf andere verteilt, die gleich ihm ebenfalls zu Propheten wurden. In dem Moment riskiert Mose seine einmalige Stellung als Mittler zwischen Gott und Mensch. Wenn ein Anführer so delegiert, dass er das Gefühl hat, jetzt auch etwas von sich, von seiner Kernkompetenz von seinen Alleinstellungsmerkmalen im Unternehmen abzugeben und sich so zu verlieren, dann braucht er viel Vertrauen, Selbstvertrauen oder noch besser Gottvertrauen. Das Vorbild des Mose kann helfen. Mose war dazu bereit, als er mit Todesgedanken in einer Depression war. Doch sein Beispiel zeigt auch, dass er durch die Delegation seine einmalige Stellung nicht verlor, sondern im Gegenteil, sie wurde im Folgenden nur noch deutlicher.

26 Es waren aber noch zwei Männer im Lager geblieben; der eine hieß Eldad, der andere Medad. Und der Geist kam über sie, denn sie waren auch aufgeschrieben, jedoch nicht hinausgegangen zu der Stiftshütte, und sie gerieten in Verzückung im Lager.

27 *Da lief ein junger Mann hin und sagte es Mose und sprach: Eldad und Medad sind in Verzückung im Lager.*

Durch Mose wird gerade mit Gottes Hilfe die Struktur weiterentwickelt, da passiert etwas: Der Geist fällt auch auf zwei Männer, die dafür von der Organisation nicht vorgesehen waren. Mose hatte sie nicht vor dem Kultzelt versammelt. Hier stellt sich eine wichtige Frage: Wie geht eine Organisation mit Begabungen um, die sich spontan zeigen? Wie reagiert man auf Talente, die sich nicht einfach einordnen lassen und die sich neben den Hierarchien und Strukturen zeigen?

28 *Da antwortete Josua, der Sohn Nuns, der dem Mose diente von seiner Jugend an, und sprach: Mose, mein Herr, wehre ihnen!*

Josua, der die Führung des Volkes von Mose nach dessen Tod übernehmen wird, hat hier eine klare Position: Ordnung muss sein. Es soll in einer Organisation nichts geben, was nicht durch deren Struktur und Hierarchie hindurchgegangen ist. Was der Boss nicht angeordnet hat, soll auch nicht existieren. Doch wieder ist der weise Mose anderer Meinung.

29 *Aber Mose sprach zu ihm: Eiferst du um meinetwillen? Wollte Gott, dass alle im Volk des Herrn Propheten wären und der Herr seinen Geist über sie kommen ließe!*

30 *Darauf kehrte Mose zum Lager zurück mit den Ältesten Israels.*

Mose ist offen für Spontaneität und ungeplante Begabung. Er wünscht sich, dass alle Mitglieder des Volkes solche hätten. Wenn etwas spontan entsteht, sollte es nicht zurückgedrängt, sondern gewürdigt und dann integriert werden.

Wir erkennen: Mit dem Geist, der durch Delegation auf viele verteilt wird, ist es wie mit der Liebe Gottes: Beide vermehren sich, wenn sie auf viele aufgeteilt werden. Delegation ist immer mit einem Risiko verbunden. Dieses Risiko darf sich für den, der delegiert, sogar existenziell anfühlen. Das ist kein schlechtes, sondern ein gutes Zeichen. Doch wer dieses Risiko nicht eingeht, verdammt sich und die anderen dazu, überfordert zu werden und klein zu bleiben, auch klein im Geist. Wer aber delegiert, sendet auch einen Geist der Großzügigkeit in seine Organisation hinein, ermöglicht, dass sein eigener »spirit« und sein Herzblut und seine Vision sich noch viel mehr ausbreiten. Wer offen dafür ist, dass dies auch auf spontanen, nicht kontrollierbaren Wegen passiert, der öffnet die Tür für neues Potenzial und Ideen in seinem Unternehmen.

Wer delegiert, spricht zu anderen: Du kannst das besser als ich, aber ich verliere die großen Fragen nicht aus dem Auge und entscheide sie mutig selbst. Ich delegiere dir Entscheidungen, aber ich drücke mich nicht vor meinen Entscheidungen.

Merksätze

Wir können den Ertrag auf folgende Merksätze zuspitzen:

- Wer nicht delegiert, der macht sich auf Dauer krank.
- Wer nicht delegiert, der strapaziert seine Mitarbeiter und sein Unternehmen.
- Wer nicht delegiert, misstraut seinen Mitarbeitern, Gott, der allen Gaben gibt, und letztlich auch sich selbst.
- Delegieren heißt, die eigene Stellung zu riskieren, um frei für eine noch größere Verantwortung zu werden.
- Nach dem Delegieren ist vor dem (nächsten) Delegieren.
- Wer offen ist für Ungeplantes und Spontanes, öffnet Türen für neues Potenzial und innovative Ideen.

Demutsvolle Führung
Impressionen von Dr. Franziska Frank

Autorin, Speakerin, Affiliate Program Director ESMT Berlin

Offenbarung 3,16: »Weil du aber lau bist und weder kalt noch warm, werde ich dich ausspeien aus meinem Munde.«

Für mich hat dieser Satz immer zwei Seiten. Die erste, dass man seine Rolle richtig ausfüllen soll. Für etwas brennen und auch dafür kämpfen. Das passt gut zu Demut, da es bei dieser erlernbaren Tugend auch darum geht, Stärken zu zeigen, wenn die Situation das braucht. Für viele kommt das überraschend beim oft mit »Schwachheit« belegtem Begriff. Es geht bei Demut aber um den egofreien Blick vom Balkon. Und dieser befiehlt eben auch »heiß« zu sein, wenn es die Situation braucht. Nicht mein Ego. Zwei Beispiele aus meinen Interviews mit Topführungskräften für mein Buch zu Demut und Führung.

Markus Sontheimer war gerade zum CIO bei DB Schenker, einem Unternehmen mit 76.000 Mitarbeitern, ernannt worden. Ein paar Wochen später fand das erste Global Leadership Meeting statt. »Ich ging durch den Raum und stellte mich vor. Als ich dran war, mich an die gesamte Gruppe zu wenden, sagte ich unter anderem: ›Ich bin nicht euer Sklave. Die IT muss auf Augenhöhe mit dem Business sein. Wir sind nicht dazu da, einfach etwas zu implementieren – aber wir können euch unterstützen, so wie ihr uns unterstützen könnt.‹ Einige meiner Mitarbeiter waren bei dem Meeting dabei und waren schockiert. Kein CIO hatte jemals so deutlich gesprochen. Aber ich musste mich zum Wohle der Abteilung und des großen Ganzen klar positionieren.« (Jetzt ist er übrigens CIO bei einem Unternehmen mit 250.000 Mitarbeitern). Sich stark für die Sache zu positionieren, ist also erkennbar gut fürs Unternehmen«. Das ist doch mal heiß! Wie auch dieses Zitat hier.

»Es ist ein gesundes Unternehmen, wenn die Leute sich trauen, in den Konflikt zu gehen. Wenn die Funken fliegen und die Leute sich gegenseitig anschreien, kann ich in Ruhe nach Hause gehen. Wenn die Leute sagen ›gute Idee‹ und einem danach den Finger zeigen, ist das ein Unternehmen ohne Demut.« (Interview Nr. 57, Direktor L&D, 70.000 Mitarbeiter)

Beides ist ein klarer Blick auf Demut: Nicht sich vor Verantwortung drücken, nicht das Licht unter den Scheffel stellen. Sondern das tun, was die (meist freiwillig gewählte) Situation von einem braucht! Daher auch die Pflicht, Talente, die man bekommen hat, zu nutzen. Und noch einen Schritt weiter – auch Demut vor dem eigenen Leben haben. Das zeigt die Hiobsgeschichte aus meiner Sicht schön. Selbst wenn einem viel genommen wird, ist es Demut, wieder aufzustehen und Schönes in der Welt zu finden! (Nicht, dass ich garantieren kann, dass es mir gelingen würde – aber kognitiv ist es für mich klar, seitdem mein mittleres Kind als Baby zweimal fast wegen eines Herzfehlers gestorben wäre.)

Gleichzeitig habe ich das Verurteilen von »lauwarm« auch immer als sehr hart gefunden. Der heilige Zorn, den es manchmal braucht, muss eben auch einer Weichheit weichen können und der Bereitschaft, die eigene Meinung und das eigene Wesen zu ändern. Deswegen finde ich folgende Beispiele sehr schön, die zeigen, dass Lauheit eben auch erlaubt, nicht hart zu sein, sondern Schwächen und Fehler zu zeigen.

»Ein Werksleiter, nennen wir ihn George, war frustriert über die mangelnden Fortschritte, die seine Manager bei der Organisation der Arbeitsplätze machten. Also ging er eines Tages einfach los und klebte überall in der Fabrik kleine rote »Ausschuss«-Aufkleber auf Gegenstände, die seiner Meinung nach fehl am Platz waren. Noch am selben Nachmittag kamen zwei der Manager in sein Büro, um ihm mitzuteilen, wie wütend alle waren. »Warum?«, fragte er. »Es war so erniedrigend«, erklärten sie. »Wir kamen uns vor wie kleine Kinder, denen man sagt, sie sollen ihr Zimmer aufräumen.« George fragte sie, ob dies die allgemeine Auffassung sei. »Ja«, antworteten sie, woraufhin ihm klar wurde, dass er einen Fehler gemacht hatte: »Ups. Das klingt, als hätte ich es vermasselt.« Am nächsten Morgen ging George, ohne es den Managern zu sagen, zu jedem einzelnen Mitarbeiter in der Abteilung und entschuldigte sich persönlich. »Hey, ich glaube, ich habe gestern alle mit diesen Aufklebern beleidigt«, gab er zu. »Es tut mir leid. Ich habe es vermasselt.« Die Mitarbeiter hatten so etwas noch nie gesehen – weder von George noch von einem seiner Vorgänger. In den Worten eines Managers: »Das hat alle umgehauen.« Nicht nur, weil George bereit war, sich einen Fehler einzugestehen, sondern auch, weil er bereit war, korrigierendes Feedback anzunehmen. Rückblickend stellte George fest: »Ich habe mir nichts davon erhofft. Ich hatte einfach das Gefühl, dass ich es vermasselt hatte. Aber es war ein echter Wendepunkt. Von diesem Tag an waren das ganze Werk mit seinen über zweihundert Mitarbeitern und ich wirklich eins … Es war ein wirklich prägendes Ereignis für uns alle.« (Manzoni & Barsoux, 1996)

»Ich bin neu in dieser Position und musste umstrukturieren. Da noch nicht klar war, wer welche Abteilungen leiten würde, habe ich selbst entschieden, wie hoch die jährliche Gehaltserhöhung ausfallen würde. Aufgrund Tausender anderer Dinge, die ich zu tun hatte, habe ich diese Entscheidung nicht mitgeteilt. Als meine direkten Mitarbeiter dies erfuhren, beschwerten sie sich, dass ich sie hätte konsultieren müssen. Mir wurde klar, dass ich das hätte anders machen können – und ich entschuldigte mich.« (Interview Nr. 148, Leiterin Kundeninnovation, 4000 Mitarbeiter)

Das heißt für mich, etwas Lauwarmes wird nicht nur ausgespuckt, sondern kann auch positiv sein. Wie eben auch lauwarmes Wasser leichter zugänglich ist. Da lob ich mir dann doch die Leute aus Laodizea, die nicht nur das heiße und kalte Wasser schätzten, sondern eben auch das lauwarme Wasser hinnahmen.

NACHWORT UND AUSBLICK

Die Bibel ist eine unerschöpfliche Quelle für Inspiration. Wir selbst waren immer wieder überrascht und inspiriert, wie sehr sich die Bibeltexte für unsere Fragen öffneten und wie sie weit über unsere Erwartungen heraus Antworten gaben auf grundlegende und drängende Fragen der Leitung, der Führung, des Managements und unserer Gesellschaft. Doch viele Antworten können erst gehört werden, wenn wir uns von unseren Erwartungshaltungen verabschieden. Wir haben Erwartungen, was die Bibel sagen kann und will. Wir haben Erwartungen, was wir hören wollen, wenn die Bibel spricht. Hier braucht es Demut und ein sehr genaues Hin-Horchen, das auch zu einem Horchen auf den Text wird, wo er nicht mehr das sagt, was wir erwarten. Auch ein gegenseitiges Aufeinander-Hören war entscheidend für viele Erkenntnisse. Das galt für unsere inspirierenden Treffen zu dritt und galt besonders auch gegenüber den praxisbezogenen Beiträgen, die von anderen Menschen für dieses Buch geschrieben worden sind.

Unsere Arbeit ist hiermit nicht abgeschlossen. Im Gegenteil: Wir sind sicher, dass das Potenzial der ausgewählten Bibelstellen überhaupt noch nicht voll ausgeschöpft ist. Jede und jeder kann bei der Lektüre unseres Buches und der verwendeten Bibelstellen auf neue Erkenntnisse für seine Situation und für die Fragen von Corpus-Identity kommen. Das Potenzial der ganzen Bibel ist unausschöpfbar. Wir träumen von einer Leitungs- und Firmenkultur, die durchdrungen ist von der biblischen Kraft und die Ideale eines menschlichen und kreativen Zusammenseins in Frieden und Austausch fördert. Aus biblischer Sicht sollte zum Beispiel für das Wohl unserer getriebenen und gehetzten Gesellschaft unbedingt in das Geheimnis der Fruchtbarkeit eingedrungen werden, die unserem Effizienzdenken diametral gegenübersteht und die gerade, weil sie im Gegensatz zur Effizienzoptimierung Verschwendung in Kauf nimmt, mit einer riesigen Fülle von Früchten rechnet, die in keinem Verhältnis zum Aufwand steht. Auch das Geheimnis der Metamorphose, die nicht kompatibel ist zu jedem »immer mehr und immer schneller«, müsste biblisch wieder ans Licht gebracht werden und unsere Grundausrichtungen als Organisation und als einzelne Menschen korrigieren.

Doch zuerst und jetzt gilt für jede Leserin und jeden Leser: Die Wahrnehmung der hier gehobenen biblischen Schätze ist das eine, doch deren Umsetzung in unseren Unternehmen und unserem Leben führt erst zur Entfaltung der großen Kraft, die in diesen Schätzen steckt.

Die Autoren

Dr. Timothy Goering

studierte an der Yale University und der Ruhr-Universität Bochum. Nach seiner Zeit als Gastwissenschaftler an der Harvard University wechselte er in die Wirtschaft und ist derzeit Director für IT-Lösungen im europäischen Gesundheitswesen bei IQVIA.

Tobias Siebel

ist Theologe, Germanist und Unternehmer. Er berät Organisationen und Unternehmen bei der Purpose-Entwicklung und Markenführung. Als Gründer der TALER & TALAR-Konferenz bringt er Menschen zusammen, um Wirtschaft, Sinn und Ethik zu verbinden.

Dr. Peter Wick

ist Professor für Neues Testament an der Ruhr-Universität Bochum und engagiert sich seit Jahren im kirchlichen Bereich. Er ist Experte für den Transfer von bibelwissenschaftlichen Erkenntnissen in das Leben der Kirche und der Gesellschaft.

Peter Wick

JONA

Ein Freundschaftsdrama
zwischen Gott und
seinem Proheten zugunsten
der Menschen

144 Seiten, Klappenbroschur
Format 11,8 x 17,7 cm
ISBN 978-3-7858-0684-5
12,95 Euro

Gott will mit uns Menschen in Gemeinschaft sein.

Jona ist ein Vorbild dafür, wie intensiv wir unsere Beziehung zu Gott leben können, auch wenn es dabei zuweilen zu Spannungen kommt. Der Prophet flieht vor Gott, gerade weil er ihn so gut kennt: Ausgerechnet die Barmherzigkeit Gottes wird ihm unerträglich. Warum? Solche spannenden Details erschließt Peter Wick besonders durch rabbinische Auslegungsmethoden, verbunden mit dem reformatorischen Anspruch, dass die ganze Schrift sich selber auslegt. So kommen in der vorliegenden, leicht verständlichen Auslegung unterschiedlichste Texte der Hebräischen Bibel und des Neuen Testaments mit dem Buch Jona ins Gespräch – und überraschen mit immer neuen Einsichten.

Luther-Verlag GmbH

Buddestraße 15
33602 Bielefeld

Tel. 0521 9440-137
Fax 0521 9440-136
Email: vertrieb@luther-verlag.de
www.luther-verlag.de

Klaus Bäumlin

AUF DEM WEG ZUR FREIHEIT

Das Buch Exodus – erklärt
für Menschen von heute

218 Seiten, Klappenbroschur
17,8 x 12,0 cm
ISBN 978-3-7858-0896-2
16,95 Euro

Klaus Bäumlin gelingt es, universitäre Theologie in unsere alltägliche Lebenswelt zu vermitteln. In großer Klarheit arbeitet er sich durch wissenschaftliche Theorien und Erkenntnisse und filtert diejenigen Kernbotschaften heraus, die für uns aktuell und relevant sind und die das Leben von Juden und Christen bis heute beeinflussen. Gewinnbringend greift er dabei jüdische Ausleger auf.

Wer sich für die spannende Erzählung der in Sklaverei unterdrückten Israeliten interessiert, die sich nur murrend auf den Weg in die Freiheit machen, wer die Faszination der Aktualität der 10 Gebote für sich entdecken will, dem sei dieser Kommentar wärmstens empfohlen.

Luther-Verlag GmbH

Buddestraße 15
33602 Bielefeld

Tel. 0521 9440-137
Fax 0521 9440-136
Email: vertrieb@luther-verlag.de
www.luther-verlag.de

Martin Niemöller jr.

EVANGELISCHE KIRCHENFÜHRER BEI HITLER

Der Kanzlerempfang
vom 25. Januar 1934

160 Seiten, Paperback
Format 19 x 12,5 cm
ISBN 978-3-7858-0807-8
20,00 Euro

Der Empfang Hitlers für führende Vertreter der evangelischen Kirche Anfang 1934 gilt als Wendepunkt in der Geschichte des Kirchenkampfs. Bisherige Beschreibungen des etwa 1¼-stündigen Treffens stützen sich auf teilweise widersprüchliche Mitteilungen und nicht immer verlässliche Quellen.

Mit der vorliegenden Studie wird erstmals versucht, das Treffen allein aufgrund der Berichte von Teilnehmern mit einer gleichsam richterlichen Beweiswürdigung zu rekonstruieren. Dabei ergibt sich ein erstaunlich klares Bild. Es zeigt deutlicher als zuvor, weshalb der Versuch der Bekenntnistreuen, den Reichsbischof zu stürzen, den „Deutschen Christen" Paroli zu bieten und eine Reform der Kirchenverfassung einzuleiten, scheiterte: an List, Lüge und Gewalt des Gegners, aber auch an eigenem Versagen.

LUTHER-VERLAG

Luther-Verlag GmbH

Buddestraße 15
33602 Bielefeld

Tel. 0521 9440-137
Fax 0521 9440-136
Email: vertrieb@luther-verlag.de
www.luther-verlag.de